松下幸之助的
人生哲学

［日］**松下幸之助** 著

曹岫云 译

人民东方出版传媒
People's Oriental Publishing & Media
东方出版社
The Oriental Press

推荐序

松下幸之助老先生一直是我十分敬佩的人，在我的职业生涯以及人生的不同阶段，他的经历和思想一直都影响着我，鼓舞并指引我前行。尤其在我来中国常驻工作的 5 年多时间里，我坚定地实践着"日日新""全员经营"等理念来发展松下集团在中国的事业。我还在松下集团内持续开展经营理念全国巡回讲座。位于北京的松下纪念馆除展览松下先生的事迹外，还经常举办各种经营理念活动，我都会积极参与其中……或许我也可以被称作"松下幸之助经营理念的中国推广大使"了吧！因此，听闻松下老先生的经典之作《道：松下幸之助的人生哲学》将与中国读者见面，我欣然接受了东方出版社的邀请，为新书撰序。

众所周知，松下老先生白手起家，仅凭一代人就建立了一家世界级的企业。通常他为世人所知的都是辉煌的成就，然而，在成功的背后，他一路披荆斩棘，从未停下前进的脚步：幼年孤独、贫穷、体弱、创业艰难，甚至经历了战乱、经济危机……他在一生中经历了超乎大多数人想象的苦难，却能一次次地完成挑战、走向成功。经历过这样波澜壮阔的一生，松下老先生将不同时期的实践经验和感悟汇集成《道：松下幸之助的人生哲学》这本书，我相信广大中国读者一定会从中受益匪浅。

松下集团内部人员常常会提到一句话："如果遇到迷茫，请回归到经营理念中去，你一定可以找到答案。"《道：松下幸之助的人生哲学》所汇集的正是松下老先生诸多理念的源头。本书分享了松下老先生对于生活、工作乃至国家、自然的洞察，它教我们决断时要清醒和果敢，给我们战胜困难的勇气，鼓励我们坚定地开拓自己的人生道路。尤其是本书开篇第一节对我影响至深：

每个人都有各自的人生道路，每条道路都是老天赐予的尊贵之路。自己走的是什么道路，无法预知，但却是别人不走的，只有自己独走的道路，而且还是不能重走的道路。这条道路有时宽阔，有时狭窄；有上坡，亦有下坡；有时平坦，可以轻松前行，有时曲折，必须披荆斩棘。

走在这条道路上，究竟是好还是坏，有时不免迷茫，一筹莫展；有时还盼着别人的帮助和安慰。然而，道路就这么一条，别无选择。

......

老先生所有的思考都是为了实现他毕生的追求——"繁荣"，即"物心一如的繁荣"（物质和精神双丰盈）。而他的思考也总能带给我们勇气、信念和坚定的指引。我想，正是这样的指引，才让老先生毫不犹豫地带领松下集团最早一批进入中国，才让松下集团可以上下一心、全力以赴地支持、见证中国现代化建设并持续深耕中国市场。

1986 年，在进入松下集团工作的第二年，我就开始学习中文了，当时松下集团的中国事业规模占全集团事业的比例仅略超 1%。时至今日，松下集团在中国的事业已占全球事业的 23%。我认为，松下集团能在中国获得成功的一个重要原因就是，拥有共通的东方文化背景的中国朋友们，更容易与松下老先生的理念产生共鸣，从而令松下集团内会聚了很多优秀员工，并且团结一致地为实现中国社会的"繁荣"付出不懈的努力。2018年，在庆祝中国改革开放 40 周年大会上，松下老先生荣获了仅为 10 名外国友人颁发的"中国改革友谊奖章"，这也是对老先生和松下集团的充分肯定。

《道：松下幸之助的人生哲学》读起来十分轻松，闲暇时随手翻阅几篇，每次翻阅都能收获新的感悟。自1968 年出版以来，它长年在日本商业图书榜上独占鳌头，当前在全球的销售量已经突破 566 万册。老先生曾说过，这是一本献给全人类的书，如果有益于大家，希望可以实现 1000 万册甚至更多的销量，惠及更多中文读者。正值松下幸之助 130 周年诞辰，《道：松下幸之助的人生哲学》的中文译本出版了，希望可以与中国读者朋友们一起为实现物心一如的繁荣，打开道路，贡献力量！

> 松下控股株式会社全球副总裁
>
> 集团中国东北亚总代表
>
> 中国日本商会会长
>
> 本间哲朗
>
> 2024 年秋 于北京

目 录

　　PHP 是专属于 PHP 研究所的月刊杂志。在该杂志的封底，刊登了我的系列短文，我从中选出 121 篇，结集成了这本书。每一篇短文，都如实记录了当时我的感慨、感悟，同时，其中或多或少，也包含了我个人的若干思考。

　　我由衷期盼，实现一个物质、精神都丰富的繁荣社会。作为一个国民，一个普通百姓，如果我的观点能够给诸位提供参考，那就是我无上的荣幸了。

松下幸之助

下雨了，人们不假思索，撑起了伞。

这种自然的心理，即是其素直的性质，

我们平时并不会特别关注。

然而，正是在这颗自然而素直的心中，

蕴含着抓住真相、抓住事物本来面目的伟大力量。

我们应该好好体悟。

在不被任何事物束缚的、伸展自如的这颗心中，

在回看这个世界时，在反省自己的工作时，

作为人应该做的事，作为国家应该走的路，

自然而然就会清晰起来，明朗起来。

第一章

开拓自己的命运

① 道路

每个人都有各自的人生道路，每条道路都是老天赐予的尊贵之路。自己走的是什么道路，无法预知，但却是别人不走的，只有自己独走的道路，而且还是不能重走的道路。这条道路有时宽阔，有时狭窄；有上坡，亦有下坡；有时平坦，可以轻松前行，有时曲折，必须披荆斩棘。

走在这条道路上，究竟是好还是坏，有时不免迷茫，一筹莫展；有时还盼着别人的帮助和安慰。然而，道路就这么一条，别无选择。

也不能轻言放弃。就是现在站立的这条道路，就在现在行走的这条道路上，不停不休一路向前吧。这是只有自己才要走的路，这是上天只赐予自己一个人的尊贵的道路。

　　左顾右盼，羡慕别人走的路；或者慌张迷茫，畏缩不前，都无法开拓道路。为了拓展前进的道路，首先必须向前行走，坚定内心，拼命迈步前行。哪怕这是一条漫漫长路，只要脚步不停，不断前行，那么，崭新的前景必将展现，深切的喜悦之情就会油然而生。

② 活出素直

　　逆境是苍天赐予当事人的宝贵考验。在逆境中锻炼出来的人，是意志顽强的人。自古以来，许多伟人都是在逆境中摸爬滚打、百折不挠，然后崭露头角的。逆境确实宝贵。然而，不可过高评价它，形成固定观念，甚至认为，不经历逆境就无法塑造优秀的人格。如果一味地这么想，那就是另一种偏见。

　　逆境宝贵，顺境同样宝贵，二者都是苍天所赐。不管逆境还是顺境，都要素直①地面对，活出素直。重要的是，不要忘记谦虚之心。人一旦失去了诚实、谦虚和素直，在逆境中就会显露出卑怯，在顺境中就会得意而忘形。

---

① 日语中，"素直"有率直、坦荡、自然、顺从等意思。素直是松下幸之助的核心理念之一，故本书直接使用原词。——编辑注

不要在意是逆境还是顺境，那不过是在某一时段老天赐予的命运而已。只需素直地面对就行。素直让人变得强大，变得正确，变得聪明。

逆境中素直的人，就能坚强地生存。顺境中素直的人，就能成长发展。二者路径虽然不同，但同样强大，同样正确，同样聪明。不要被经验或成见困住，不要疏忽大意，素直应对，不管哪种境遇，都要奋勇向前。

③ 立志吧

立志吧！真心实意地、认认真真地立志吧！用拼上性命的气魄立志吧！一旦志立，可以说事情就已经成功了一半。立志这件事，不分年老年轻。一旦确立志向，老年人也好，青年人也好，前进的道路必将清晰展现。

在以往的征途中，或许自己曾几度立志，几度迷失，甚至遭受过挫折。但是，依然看不见前路，更无从拓展，那是因为自己志弱气短。也就是说，虽然已立志要成就某项事业，但自己还有重要的缺失。

往事莫追，不要悲叹已经逝去的岁月。如果说，过去心中想着依赖他人，指望他人相助，那么现在，请果断地斩断这个念头吧！关键是自己立志，一切取决于自身的态度。"虽千万人，吾往矣。"拿出这种大无畏的勇气，拿出旺盛的斗志，切实付诸行动吧！

立志吧！既是为了自己，也是为了他人，还是为了我们共同的国家。

④ 摸索前行

盲人很少受伤。倒是眼睛正常的人容易负伤，有时被石块绊倒了，有时撞上什么东西了。人们正因为眼睛好，就粗心大意，甚至乱跑瞎闯。盲人用手摸索着前进，每一步都十分谨慎，小心翼翼。而且他们每踏出一步，都是全神贯注的。如此程度的认真，是明眼人不如的。

在人生中，如果不想受到意外的伤害，在人世间，如果不想摔跟头，那么，学习盲人的行走方式是必要的。虽然常言道"人世间，一寸之前是暗黑"，但人还是会乱跑瞎闯。

不管上了多大年纪，最难搞明白的就是这个人生，就是这个人世间。既然如此，除了用手摸索着前行之外，别无他法。

　　搞不懂人生，却自以为懂了，因而莽撞行走，这就很危险。在搞不懂的人世间，只有相互指引，彼此搀扶，一步一个脚印，才能踏实前行。所以大家都要谦虚，都要认真，都要摸索着行走在人生之路上。

⑤ 与自然在一起

春来花开，秋至叶落。草木蔬果，无不在发芽时节发芽，结果时节结果，枯萎时节枯萎。这是遵循自然之理的素直的姿态。在这里，没有任何私心，没有任何野心。有的是所谓"无心"和"虚心"。因而大自然是美丽的，是秩序井然的。

遗憾的是，人却做不到这一点。人不会这么素直，不会这么虚心。弄不好，就会野心膨胀，私心泛滥。所以人往往心神不宁，无视自然之理，乃至出处进退皆失据，把秩序搅乱。

花开不合时令，称为"反季节开花"，是误了"出处"。但因为是花，错了时令，人们不妨以珍奇视之。然而，进退失据的如果是人，那就不是"一笑"可以"了之"的问题了。那就会伤了自己，祸及他人。

对于人而言，最难的事情，莫过于正确判断进退的时机。正因为如此，有时我们不妨养养花，弄弄草，静静地领悟自然之理，思考一下自己进退的时机。

⑥ 包容多样

春到花开，初夏嫩叶满枝。山野披上华丽的衣裳。花儿姹紫嫣红，草木形形色色，鸟儿千姿百态。多种多样，五花八门，这才构成了自然，营造了自然之美。

如果花只有樱花，树只有杉树，鸟只有黄莺，当然，那也能构成一种风情。但是，如果日本的山野仅有这几个物种，那怎能孕育出如此丰富多彩、兴味盎然的大自然？

花儿各色各样好，树木各色各样好，鸟儿各色各样好，这是自然的恩惠。人也是各色各样。正因为有了各色各样的人，才催生出各色各样的工作。

自己与别人，模样不同，气质不同，喜好不同。这不是很好吗？与其感叹差异，不如去感受这种种不同中无限的妙味、无穷的风情。每个人都各尽其能，大家都互相帮助。有各种各样的人真好，有形形色色的人真好。

⑦ 真剑决胜负

在剑道中，人们戴面罩、护手，穿护胸，用竹刀进行比赛。这时不管多么严肃认真，仍会心存侥幸。因为即使被击中，也不会流血，更不会致命。但如换木刀比试，就不能不稍稍紧张起来。因为一旦被击中，可能会受伤、昏迷甚至死亡。更何况真剑对决，剑光一闪间，就可能一命呜呼。

"比赛嘛，总是有胜有负"，抱这种悠然的态度可不行。比赛中特别是对决时，胜负二取其一，输了往往命就没了。也许日文中所谓的"真剑"①就是指这种状态吧。

人生就是真剑决胜负。因此，不管怎样的小事，都必须拼命认真去干。当然拼命认真不是一味地苦干或蛮

① 日语中"真剑"一词有认真的意思。——编辑注

干。但是，认为"反正人生悠长，失败在所难免"，这种漫不经心的态度要不得。这其实是对失败的一种自我慰藉。一开始就要杜绝这种念头。认真还是不认真，认真程度如何，决定一个人的整个人生。

人生重要，人生尊贵，从今天开始，仍为时不晚，让我们振作起来，抖擞精神，以真剑决胜负的态度，度过每一天。

⑧ 满山新绿

翻越一座山，再翻一座山，这就是旅程。我已经彻底忘记在何时何处听过这句话，但却至今记得这话本身。每当感叹人生时，它便突然从脑海中浮现。

翻越一座山，刚刚想歇脚，下一座山又在等待翻越。翻越后，又是一山接一山。马不停蹄，翻山越岭，旅程无穷尽。这就是我们人生的真实写照。

真实的人生，没有人逃避得了。逃避不了，那就拼命向前吧！

巍峨的山、低矮的山、荒僻的山、平缓的山，在逶迤起伏中，穿插了种种人生故事。一路走去，留下一路脚印。时而刮风下雨，拖着沉重的脚步前行；时而有温柔的阳光照来，小鸟婉转的啼声让人留恋。不管是哪种情况，都要生气勃勃，拼命努力，翻越可能翻越的山岭，走完可能走完的旅程。在满山新绿中，再次激起前进的热情。

⑨ 在是非善恶之前

广袤无垠的大自然，有山有河有海洋，一切都受某种力量的主宰，由它设计运营。在这大自然中栖息的生物，鸟是鸟，犬是犬，人是人，它们的命运也由那种力量设计安排。这些都属于是非善恶之前的问题。无所谓好与坏，都是命运的安排。

即使在人中间，观察每个个体，每个人也都拥有各自不同的命运。有生来音色甜美的人，有生来擅长算术的人，有手巧的人，有手笨的人，有身强力壮的人，有体质虚弱的人。

这么说来，我们每个人的人生，百分之九十是由命运的力量所安排的，是由它事先设定的，而这种力量超越所谓的人智。剩下的百分之十，才由个人的聪明才智来把控。

　　这又是在是非善恶之前的问题。如果站在这样的角度观察和思考，那么，得意时淡然不骄傲，失意时泰然不气馁，平淡从容，谦虚谨慎，选择并走好适合自己的人生之路，这就是我们的本分。看问题有多种角度，有时，我们不妨抱着这种心态，就这么去观察和思考。

⑩ 体味病痛

患了病，痊愈了。痊愈了，很高兴。不料，病魔再次降临。

人这一辈子，什么毛病都没有，这是不切实际的奢望。病患有轻有重，但人一生中难免几次生病卧床。有5次的，有10次的，甚至有20次、30次的。小时候生病，父母牵肠挂肚；长大了生病，自己整日闷闷不乐，焦躁不安。

然而，反正死亡只有一次，无论是早是晚，仅仅一次而已。所以不管生多少次病，了结生命的也就一次。其余的各次，都可以看作是人生路上的考验。

什么时候的毛病，会让自己一命呜呼？这个寿命问题只能拜托老天爷。但是，如果把现在患病看作人生的

一种考验，乐观达观，那么，心胸自然舒展，医药就更
有疗效，生命力变强，身体恢复得更快。

　　体味病痛，就是要涵养这样的一颗心。同时，对生
病这件事，态度要认真，要调养好身体。

⑪ 生与死

所谓人生，就是一天接一天，不断走向死亡的旅程。生命走向死亡乃是自然的规律，一切生物皆无例外。然而，只有人才懂得这个自然的规律，才能在人生旅程中做出各种安排。

虽然不知道死亡何时降临，但人们在有生之年，会规划自己想做的事情，比如"我一定要做××事"。这不限于老人，青春萌动的年轻人，更重视规划，重视为将来的人生做准备。可以说，这其实也是在为死亡做准备。生与死本来就是表里一体的，生的准备就是死的准备。恐惧死亡是人的本能。但是，与其恐惧死亡，不如恐惧死亡之无准备。

人可能会随时直面死亡，正因为如此，生命才显出尊贵；也正因为如此，让生命最大限度地绽放光彩，就是我们必然的使命。这么思考并行动，就是为死做准备，也就是为生做准备。

正视生者必死的严酷宿命，认真摸索正确的应对之道，同时，乐观达观，视死如归。

我们必须让这个国家焕发青春，充满活力。

职员、学生、经营者、家庭主妇，

一切职业，所有的人，

都要挣脱封闭自己的外壳，

在灿烂的阳光下伸展、起舞。

怀抱一颗跃动的心，

认真探索一条让所有人

走向和平、幸福和繁荣的路。

第二章

用崭新的心境迎来每一天

⑫ 日日新

新年到，年度更新，心境亦随之一新。心境一新，值得庆贺。不只是正月应该庆祝，只要心境换新，随时都值得庆幸。

昨日也好，今天也罢，自然规律不会变化。阳光照射，风儿吹拂，一切依旧。但是，只要心境变好，眼睛所见，耳朵所闻，都会焕然一新。

一年开始于元旦，一天开始于清晨。一年的开始要庆祝，一天的开始也要庆祝。只要每天晨起心情更新，那么，每天都是元旦。在更新的心境里，一切事物都很新鲜，一切事物都值得庆贺。

昨日是昨日，今天是今天。昨日的辛劳不要带到今天，"一日辛劳一日足"，今天还将开启今天的生活。无须背负昨日的包袱。日日新，每天都是新的出发。日日新，意味着日日是好日。素直、谦虚、富于创意者，每天都爽朗，天天生气勃勃。

好！让我们朝气蓬勃，迎来新的一天。

⑬ 拓宽视野

世界宽阔。若以狭隘的眼光看待这个宽阔的世界，难免走进死胡同。人生漫长。若以短浅的目光观察这个漫长的人生，难免焦躁乃至感觉窒息。

视野狭窄的人，不但自己会走错道路，而且会给别人增添麻烦。为了实现共同繁荣，我们每个人都要不断地拓宽视角，从十度拓宽到十五度，从十五度拓宽到二十度。

但是，即使拓宽到了一百八十度，也不过了解了事物的半面。按理讲，必须三百六十度转一圈，才会知道事物的全貌，才能融通无碍，才能进入所谓"解脱"的境界。然而，这种境界很难达到。能够拓宽到一百八十度就相当了不起了。我们普通人不过是以十五度、二十度的视野在走着每一天的人生之路。各种纷争因此而起，各类烦恼由此而生，繁荣的景象因而很难出现。

拓宽视野吧。拓宽多少度都不为过。为了共同的繁荣、和平与幸福，每个人都要具备宽阔的视野，大家都要有意识地做出努力。

⑭ 心灵的镜子

人为了整理自己的仪容装束，会站到镜前。镜子是诚实的，它会真实地反映人的真实面貌。即使有人一口咬定自己的领带没有打歪，但只要在镜前一站，歪还是正，一目了然。所以人就会承认和纠正自己的错误。

仪容装束可以在镜前调整，但是镜子却无法反映人的心灵是否扭曲。所以，人一般很难察觉到自己的思想和行为的偏差。因为没有心灵的镜子，所以产生这种偏差不足为奇。

然而，只要具备一颗积极探索的心，具备一颗虚怀若谷的心，那么，心灵的镜子可以说无处不在。自己周围的人和物，所有一切，都是我心灵的反映，都是我心灵的镜子。所有的物都反映出我的心，所有的人都与我的心相连。

古代的圣贤教导我们：“首先要除去自己眼中的梁木。”然后，再稍微仔细地看看周围的事物，再稍微认真地听听周围人的声音。只要具备这种谦虚的心，素直的心，那么，无论是人还是物，都是我心灵的镜子，我的思想、我的行为的正邪，都会如实地、清晰地反映出来。

⑮ 尽人事

俗话说"尽人事，听天命"。这句话意味深长。

不受私心的束缚，尽最大努力，把自己能做的事做到极致。然后呢，就静静地等待事情的结果吧。结果呢，也许会如愿以偿，也许会事与愿违。不管出现哪种结果，那都是超越自己的力量在主宰。

只要尽力了，就不必急躁，不必慌张，静心迎接事态的进展就行了。而在这个过程中，还将会有新的道路展现。

懂得这种心态的可贵，领悟这种人生的境界，各人分别把各自的事情做好、做彻底，这个世界就会愈加安静安宁。

　　所谓天命，不是说因为做了某件事，就必定能获得相应的结果，这样的预测未必成立。更何况，私心重重，未尽人事，该做的事情不做，却一味期待天上突然掉下馅儿饼。这就太不懂得天命为何物了。这个世界纷繁复杂，各种利害交叉起伏，我们身处其中，应该腾出一点时间，反思省察。

⑯ 下雨撑伞

下雨就撑伞，如果没伞就用包挡一挡。如果没伞没包，那就没办法，只好淋雨了。雨天没带伞，是因为天晴时疏忽了，没有为雨天做准备。遭雨淋了，才知道雨伞的必要，才会考虑，下次下雨时不能再遭受雨淋。所以，雨停以后就会下决心，准备一把雨伞。这也算是人生的一种教训吧。

这个道理显而易见。在这世上，在人生中，既有晴天，也有雨天；既有景气，也有萧条。话虽然这么说，但晴天持续久了，人就会忘记雨天。景气之波延续，不知不觉间，人就会失去警觉，顺着惯性走。这也是人的一种自然的状态。

为了警示后人，古人教导我们"治时不忘乱"。不管工作也好，做其他事情也好，道理都一样。下雨就要撑伞。没带伞只好遭雨淋。但是，待雨停后，就要吸取教训，准备好雨具，以免再次被雨淋湿。挡雨之伞，工作之伞，人生之伞，总之，伞很重要。

⑰ 一日三转

这个宇宙中存在的一切事物，时时刻刻都在运动着。万物流转，与昨天完全相同的状况，今天已经不复存在。每一个瞬间都在不断改变它的存在形态。

换言之，这就是所谓的"日日新"。每一天都有新的变化发展，此乃宇宙的大规则。人类在这个大规则下生存发展。今天不同于昨天，世界时刻都在变化，时刻都有新姿。其中才有人类社会的变化发展。

人的思想也一样。古人教导我们："君子一日三转。"意思是，一天之内，想法要更新三次。就是说，如此快速地发现新事物，孕育新事物，才配得上"君子"这个称谓。一日一转都不想转，那是不行的。

一般而言，人们总是害怕变化，对变化抱着不安的心理。这也是人之常情。但这种状态说明，人已经为某种思维定式所束缚。一日一转、二转是进步，一日三转、四转则更好，这当中才有变化发展。这也是观察事物的一种方法。

⑱ 为什么

小孩儿比较单纯，因此，只要有不懂的事，马上就会问：这是为什么？为什么？

小孩儿很认真，很热心。因此，对于大人给出的答案，他们自己也会认真思考。思考了仍然想不通的话，他们还会不断追问：为什么？为什么？

小孩儿没有私心，没有成见，好就是好，坏就是坏。因此，他们往往在不经意间，就能触及事物的本质。小孩儿在这个过程中成长。

不懂就问为什么，得到回答，自己就对答案进行思考。不明白就继续追问为什么。在这个过程中小孩儿一天一天成长。

大人也应该这样。因为是"日日新"，所以要不断追问为什么。对于所得的答案，要独立思考，也可请教别人。只要保持素直，没有私心，又认真又热心，那么，"为什么"的疑问，随处都有。

不问为什么，今天如昨天，明天如今天，十年如一日。故步自封，人就不会进步，社会就无从发展。繁荣，就在追问为什么之间孕育出来。

⑲ 像泉像花

在沙漠中发现一洼清泉，对旅人而言是一种惊喜，一种慰藉，一种鼓舞。在荒野中独自挺立、傲然盛开的一株鲜花，也会给旅人带来喜悦和安慰。今天这个社会，虽然不能说是一片荒芜，不能说是一幅枯萎的景象，但是在这个艰难的时代，人们心中感觉落寞，失去了镇静和热情。

这时候，我们要手拉着手，互帮互助，好好生活。我们的心不能像沙漠般荒芜，至少我们要像那洼清泉，像那朵盛开的鲜花一样，展现美好，发挥能量，显示生机勃勃的姿态。做起来也许困难，但是，只要我们对自己的工作满怀自豪，只要我们感受到自己工作的意义和价值，我们就能自然而然地找到自己的处世之道。

不管世道如何，都不要惊慌，不要浮躁，淡然泰然，秉持一颗贡献社会之心。这种姿态本身，对周围的人来说，已经是一种很大的鼓励，一种有效的安抚。

像那花儿一样，像那清泉一样，给人们带来欣喜和快乐吧！

⑳ 发挥专长

完美无缺，是人的一种理想，一种愿望。因此，彼此都会要求对方白璧无瑕，这一点可以理解。但一味要求，而要求总是得不到满足，不知不觉中，就会陷对方于苦境，陷自己于烦恼。完美无缺的人，本来就不存在嘛。

要求在松树上开出樱花，可能吗？要求牛像马一般嘶鸣，可能吗？松是松，樱是樱，牛是牛，马是马。就是说，自然万物作为个体，绝非完美，但都各有特色。只要发挥各自的本领，合作互补，在整体协调中，就能呈现出美丽和富饶。

人也一样。完美无缺的人并不存在。各人有各人的素质特长，每个人都用心发挥自己的专长，在总体协调的氛围中，就能实现共同的幸福。

只要理解这单纯的道理，谦虚之心自然而生，同时也会生出包容他人之心。彼此取长补短，大家齐心协力。男是男，女是女，牛哞马嘶，各司其职，各尽其力。

繁荣的原理，其实极其简单。

㉑ 找找窍门

不妨先动脑思考一下，找找窍门，再试做看看。如果失败了，重做就行。重做还是失败，那就再找找窍门，再重做一次，反复钻研，孜孜以求。

同样的事情用同样的方法去做，无论重复多少遍，都不会有任何进步。老老实实遵照先例去做，当然也可以。但突破先例、创造出新的方法则更有价值。只要不断地认真去试，就可以开拓出新的道路。

与其担心失败，不如担心在生活中缺乏创意。我们的祖先一点一滴地钻研创新，积累下来，才有了我们今天的生活。在毫不起眼儿、容易忽略的生活细节中，都留有珍贵的创意痕迹。哪怕是一只茶杯、一支笔，细细审视的话，都有了不起的创意，都堪称"无中生有"的创造。

让我们再动动脑筋。今天不要简单重复昨天的做法。无论多么细小的事情都行，无论多么微不足道的事情都可以，今天不要再次重复与昨天相同的事情。

许多人的小创意积累聚合，就能孕育出巨大的繁荣。

昨天到今天，今天到明天。

我们生活的世界日新月异。

一颗追求真自由的鲜活的心，

不甘心简单重复地度过每一天。

这一瞬闪过的创意，

这一日确凿的成长，

都会刻入自己心田。

只要我们都具备了

如水般流淌不停的心，

渗透大地深处的力量，

明日国家的繁荣和平，

明日自己的幸福安康，

一定自然有序地实现。

第三章

共同度过更加美好的人生

㉒ 有缘

因为有缘，我们才来到了这世上。也因为有缘，我们与许多人建立了关系。"缘分"这个词，听起来好像是一个陈旧过时的词，但实际上，它意味深长。

人与人之间的关系，很容易被认为是由当事者个人的意图建立起来的，因此，这种关系也可以凭一己之念，随时切断，轻而易举。但是，实际上并非如此。在人与人之间的关系中，其实，还有缘分这种深层的力量在发挥作用，它超越所谓的个人意志和个人愿望。男女之间的缘分也一样。

如果是这样的话，那么我们彼此之间，应该更加珍惜在今世建立起来的人际关系，并对这种关系表示感谢。在抱怨之前，在表达不满而使自己的心情变得糟糕之前，先要虚心地接纳和肯定此种缘分，并为此感到喜悦。

　　喜悦之心加上诚意和热情，就能加强彼此之间的关系。从这里，就能生出变黑暗为光明的强大力量。

㉓ 打招呼

　　清晨甜美的空气沁人心脾。打扫自家门前的道路。一早出勤的邻人，从对面走来，说声"早上好！"，这里回一声"早上好！"。

　　似乎是不经意的互致问候。早晨这一声招呼，已经成为日常的习惯。也许大家认为这算不了什么，但我觉得，打招呼这个事情，要看得重些才好。

　　每天伴着"昨夜真冷啊！"，或者"每天都受到您的关照"，这种发自感谢之心的寒暄进入工作状态，工作就会顺手。这些话不是某一个人思考出来的，而是前人传承下来的智慧。它们是我们每天生活中的润滑剂，发挥着重要的作用。

　　"说一声'真冷啊！'不会让气温升高吧。"——这句话只是相声中的插科，但这类表达关怀的招呼有意义。

打招呼有多种说词。要紧的是，我们不可忽视它。要留意，带着开朗明快的口吻互致问候。

㉔ 贡献之心

给予与接受，是这世间的常理。就是说，把自己具备的东西给予别人，就能接受到别人相应的回报。社会因此而和谐运行。因此，若想收获丰硕，只要出手慷慨就行了。付出时吝啬，却想着大把进账。这样的人多了，社会就不可能繁荣。

所谓付出，简单说就是贡献，就是拿出自己所拥有的，竭力为世人做贡献。头脑聪明的人贡献智慧，身体健壮的人贡献力气，技艺出色的人贡献技艺，性格温和的人贡献关怀，学者贡献学问，商人贡献商品……

不管什么人，只要挖掘，都有属于自己独特的天分。把这种天分用来为别人、为社会做贡献，就是尽了自己的本分。

在一个互相服务、互相贡献的社会里，大家的身心都能获得满足。为了建设一个繁荣的社会，把自己持有的本领尽力贡献出来吧。

㉕ 长处与短处

在当今这个社会，人与人必须相互扶持，相互协作，工作才能推进，生活才能和谐。

为了在共同生活中有效协作，大家除了要彼此关心、互相体谅之外，很重要的一点是，要实事求是、不带偏见，正确地把握和理解周围人的长处和短处，并且尽量发挥他们的长处，弥补他们的短处。

要抱着一颗温暖的、与人为善的心，把这一条做好。因为人不是神，要求他人全知全能，那是愚蠢透顶。用神的标准来要求他人固然愚蠢，但自己稍有能耐就心生傲慢，同样也是愚蠢的。

帮助别人，自己的工作才能成立。获得别人的帮助，自己的工作才能顺利开展。如果不能理解和认同这一点，人纵然有百万之多，也不过是互相妒忌、互相倾轧的乌合之众。

长处和短处，可与繁荣相连，也可与贫穷相连，关键仅仅在于我们的心态。

㉖ 忍耐心

什么样的人是好人，什么样的人是坏人，这很难一概而论。触犯国法的人不必说，所谓的小人，宛如海边的沙子一样，多得数不胜数，过去、现在都不可能消失。

世间万物都如此。追求真善美，是人的本性。但无论怎么追求，丑的东西、假的东西，永远不会消失。不管哪个时代，假丑都与美好交集，美丑混杂，是自然的状态，社会就在这个基础之上运行。

正因为如此，彼此忍耐就非常必要，宽容精神就十分重要。世上总是有好人，也有不好的人。这就是所谓的社会。在这种情况下，如果缺乏忍耐和宽容之心，自己的情绪就会趋向消极，就会哀叹世道艰难，日子不好过。

　　人与人相互依存，度过每天的生活，开展每天的工作。并非人人皆君子，人有各色各样，因此，我们要涵养一颗忍耐和宽容的心。

㉗ 共生

人的生命很珍贵。每个人的珍贵生命，都应该得到尊重。但是，我们往往只珍惜自己的生命，而忘记了对他人生命的尊重。一不小心就私心膨胀，把满足自己的私利私欲放在首位。就是说，被自我套牢了。在某种意义上说，这或许也是人之常情吧。

但是，这样的话，社会的共同繁荣就不可能实现，人尊贵的本性就无法显现。

有时候，我们还得忘却自我，首先成就他人，自己往后退，让别人出场显身手。必须这样思考和行动。别人出彩，自己也会生气勃勃。这样就能孕育出强有力的繁荣，这是尊贵人性的显现。

自己退让而让对方活跃，对方活跃，结果自己也活跃。这就是共生。彼此生机勃勃就会孕育出繁荣，而和平与幸福也随之而生。

为了在更大范围内对社会的繁荣做出贡献，就要培育一颗谦虚之心，让彼此共生共荣。

㉘ 认清责任

在与自己毫无关系的地方，发生了认为与自己毫无关系的事情，因而觉得自己毫无责任。经过再三思考，依然认为自己毫无责任。但是，这样的自信，果真经得起推敲吗？

在这个世界上，人与人之间的联系无处不在。能够断言与自己完全无关的事情，真的存在吗？耶稣基督认为，这个时代，哪怕是从未谋面、毫不相知的人们，他们的责任，也应由我耶稣一个人承担。不仅如此，甚至是后世无数陌生人的责任，也得由自己那个高贵的灵魂全部担负起来。

要求一般人具备这种程度的责任意识，是不现实的。但因为是耶稣基督，他就能做到这一点。但是，至少吧，我们不可以把自己应负的责任推卸给他人。

　　狗和猫，即使自己不好，但它们一不高兴，也会毫无顾忌地撕咬同类，伤害对方。人类与动物之间，存在显然的差别，这是自然之理。无视这种差别之可贵，随意辱没它，那是万万不可的。

㉙ 责骂挨骂都要认真

我们都不愿挨骂。一旦挨骂，心情就糟糕。即使自己错了，即使愿意认错，但是挨骂，被斥责，就会心生抵触，感觉不舒服。所以，希望不挨骂，不喜欢挨骂，这是人之常情。

同时，责骂的一方心情也不会好。斥责别人，自己不会心生喜悦。所以，除非迫不得已，还是不骂为好。这也是人之常情。

然而，这两种心理搅在一起，大家一团和气，该骂的不骂，该挨骂的不挨骂，结果会怎样呢？如果是神，那结果不得而知。但我们都是人啊！这么糊涂下去的话，久而久之，就会彼此姑息。对事物的看法，人的思维方式，就会扭曲。总是是非不分的话，人和组织都会变得脆弱不堪。

当然，责骂也好，批评斥责也好，不能夹杂个人情绪和个人恩怨。依据事实和原则，责骂的人认真责骂，挨骂的人认真挨骂，超越上述两种心理，这乃是做人的一项重要准则。只有虚心挨骂，接受批评，才能彰显做人的真正价值。

责骂和挨骂，双方都要严肃认真。

㉚ 只有人才讲守约

在这个世上，从某种意义上讲，一切事情都是基于人和人之间的相互约定。从与朋友见面的时间约定开始，到金钱物品的借贷契约，以至企业的规章，乃至国家的法律，可以说都是约定。为了维持正常的生活秩序，为了让社会顺畅运行，这种约定非常重要。

约定建立在彼此信任的基础之上。所以，遵守约定还是违背约定，是衡量一个人素质高低的重要标准。所谓道义、道德，也在这里得到体现。

借口自己情况不便，随意爽约，那是动物世界的逻辑。只有人才能信守彼此间的约定，这是上天赋予人的高尚的精神素质。

如果这种精神素质下降了，没落了，就会影响社会生活的方方面面，在物质和精神两方面，给人们带来莫大的损害。这就不是与朋友失约，浪费人家的等待时间这么简单的事了。

务必信守约定，养成这个好习惯。

㉛ 放眼看世界

　　一定要坚韧不拔，百折不挠，把知识学到手；应该遵从校长和老师的教导；校长和老师进出教室时，要起立迎送；回答老师提问时要起立，得到老师许可后才能坐下；对校长和老师要尊敬，在路上遇见校长和老师要敬礼问好；尊敬长辈，对老人、儿童和弱者要亲切，要关怀，要让道让座，要给予各种帮助；要听家长的话，帮着做家务，照顾弟弟妹妹……

　　以上是苏联颁布的中小学《学生守则》的一部分。违规的学生会受到退学的处罚。据说，在中国也有类似的守则，在欧美各国也一样。

　　不管哪个国家，哪怕主义、主张不同，做人的正确准则，万国共通，人人共通。因此，无论何地，无论何人，坚守做人的准则都很重要。

讲到礼仪，涉及道德，当下的日本人，似乎都很忌讳，很反感。放眼看看世界吧，不要做井底之蛙。

㉜ 交心

古人说，人生如绳，好坏交织。大千世界，漫漫长路，有好事也有坏事，有开心事也有伤心事。而且，原来认为是好事，其实是坏事。原来认为是坏事，结果却是好事。这种情况司空见惯。

就是说，不必瞻前顾后，迷惑彷徨，只要一开始就抱着谦虚的态度，素直地去做就行了。人的智慧其实有限，自作聪明，结果后悔莫及，人生中经常有这种情况发生。

从头到尾，彻底倒霉，这样的事情不存在。同样，绝对的好事也不会有。但是，我们中的很多人却看不透这一点，遇到自以为是坏事的时候，就会气馁，把自己的心封闭起来。而遇到自以为是好事的时候，又生起傲慢之心，目中无人。

　　无论是自我封闭，还是目中无人，都会隔绝心与心之间的沟通，这就妨碍了人与人之间的互帮互助，形成不了合力。心灵闭塞、孤独孤立的人就会增加。

　　这个世界变幻无常。顺利时也好，困难时也好，无论何时，大家都要谦虚，都要抱素直的态度彼此交心，交流各自的想法，互助协作，共同前进，这样就好。

我们果真是大人吗？

不要自视过高，也不必自卑自怜。

自己的事情，靠自己的力量解决。

自力更生的精神，我们准备好了吗？

拿出大人的强烈责任感和应有的气魄，

认真思考这个国家当前正确的生存之道，

运用在悠久历史中培育的荣誉感和自豪感，

共同构筑世界范围的繁荣、和平与幸福。

第四章

在独自做出决断的时候

㉝ 勇于做出决断

一个劲儿沿着一条路，不停不休往前走，这已经很不容易了。而走到了东西岔道口，不久又出现了南北两条路，必须一边探索一边前行，这就更不容易了。

怎么办啊？朝哪个方向走啊？思前想后，踌躇不决，烦恼不已。但是，一味地烦恼，结果只能是裹足不前。

如果只是自己单独一个人，在漫长的旅程中，一时停滞不前，无碍大局。但是，身后有大批的人跟随，大批的人在这条路上停顿。这时候，面对岔道，你当领导的只是抱怨"难以选择，决心难下"，那怎么行！

前进也罢，停止也罢，关键是要做出决断，必须独自做出决断。至于决定要走的路，是不是最好的路，因为我们不是神，所以无法预知。但是犹豫不决，优柔寡断，于人于己都是最坏的选择，这一点是肯定的。

　　无论是在企业经营上，还是在人生道路上，或者是在更大的国家运作上，审时度势，毅然做出决断，是非常重要的。

㉞ 如何下达命令

自己想要这么干，把这层意思作为命令下达，而部下又能在执行时灵活自如。这在事业运作上极其重要。但习惯于听从命令，没有命令就不能行动，养成这种习惯，那就问题大了。这种僵硬的作风，无法推进工作，无法让事业发展。

即使没有上级的命令，但作为下属，要通过"以心传心"，积极领会上司的意图，每个人都及时地、准确地、主动地把自己的工作做好做到位——采取这种灵活的方式，事业的发展前景就无限宽广。

为了做到这一点，上级在下达命令之前，首先要倾听下属和相关人士的意见。首先是听，在听的基础上还要问。在这个过程中，如果有与自己的想法不同的地方，应对下属未能察觉之点予以提醒，对他们考虑不周的地方加以说明。必须在他们理解和接受的基础之上，再果断地下达命令。接受命令的人，理解并认同这个命令的内涵，就意味着他的智慧得到了相应的提升。一味要求下级不问道理，盲目服从命令，这就是僵化没弹性。

下达命令，真不是那么容易、那么简单的事情。

㉟ 当风吹浪起时

风吹浪起，浪起船摇。当然，航船稳定比摇摆好。但当强风掀起巨浪时，哪怕是几万吨的大船，也不可能纹丝不动。如果硬要让船舶停止晃动，反而会造成损害。如果不顾损害，还要继续蛮干，船舶就会遭到破坏。

风吹浪起，当船舶不得不摇晃时，让它摇晃就是了。顺其自然，往往是一种不错的思维方式。这时候，重要的是，不要惊慌失措，不要自乱阵脚。慌乱行动反而会让船偏离航向，误入歧途。弄不好，原本不会沉没的船舶也会葬身大海。危难时刻，只要每个人都保持冷静，每个人在各自的岗位上都忠实地履行职责，全体人员齐心协力，就能产生巨大的合作效应。

越是遇到狂风巨浪，越能显示出通力合作的可贵。一旦惊慌失措，就会瓦解这种合作。所以，与其恐惧船身摇晃，不如担心合作破裂。

　　人生总是福祸相倚。没有人能够预测什么时候会出现狂风骤雨。保持警惕，冷静观察自己周围的状况，大家各自做好充分的精神准备，才可能防患于未然。

㊱ 判断和行动

无论什么工作，在正式着手之前，必须先行判断。如果判断失误，一切努力和辛劳都将付诸东流。但是，我们都不是神，要正确预测未来，要清楚地看见事情的方方面面，要万无一失，做出百分之百正确的判断，是不可能的。

当然，如果能够做到，那就该谢天谢地。但是，不要奢望百分之百，那只有神才能做到。我们这样的凡人，至多达到百分之六十吧。判断有了百分之六十的成功把握，那么，我们基本上就应该把它看作妥当的判断。

一旦做了判断，接下来就需要勇气，需要付诸实际行动的能力。不管做了多么正确的判断，如果缺乏付诸实践的勇气和行动力，那么这个判断就没有任何价值。勇气和行动力，可以让百分之六十的判断，结出百分之一百的成果。

　　判断有百分之六十的胜算，就不错啦，我们要认真地虚心地做出判断。为了让判断生出百分之一百的果实，我们就要果断地拿出勇气和行动力，一直干到成功为止。

㊲ 眼前小利

俗话说，一匹马狂，千匹马跟着发狂。这话讲的不仅是马，人亦如此。一个人稍有思想偏差，就有可能把众多的人引入歧途。特别是关系到利益和欲望时，人很容易丧失判断能力。人轻易就会被眼前的小利蒙蔽了良知。

不要贪小便宜，这是古往今来的谚语。占小便宜难免吃大亏。这种亏损如果只限于自己，那罪过还不算大。但当今这个社会，人和人之间、工作和工作之间，有太多的密切的关联。有时候，一个人的损失会导致众人的损失，一个人的思想偏差可能会引发严重的后果。

对于这样的事情，今天再来老调重弹，似乎没有必要。但是，在现今社会，一部分人的思想的小小偏差，往往引发了各种各样的问题。目睹这种社会现实，反复提醒大家不要被小利所惑也就不为过了。

　　我并不是要讲什么难懂的道理。而且我也从没想过，讲这些能得到什么回报。这种事情归根结底，只能诉之于人的良知。因为这是根本性的问题，所以我才会不厌其烦地反复强调。

㊳ 为善不需要计谋

　　自以为出发点是善的，做了种种策划，但预想的善的结果并没有出现。出现的是预料之外的、相反的结果。这种情况经常发生。

　　是思考不周，还是策划有疏漏呢？原因恐怕很多。但是，认真追究，仔细思考的话，在运作的过程中，玩弄某种计策谋略，这种痕迹会在脑中浮现。不管是善意的计谋还是恶意的计谋，计谋终究不过是计谋。

　　恶意的计谋当然令人厌恶，然而，即使是基于善意的计谋也要不得，"弄计者，败于计"，结果与恶意的计谋一样，绝不会受人欢迎。就是说，无论何事，不弄计策是最好的。

　　"无策之策"好像很平凡，但是正确领会"无策"的真意，超越计谋权术，举重若轻，应对自如，言行随时呈现出自然的状态，并不容易，那是需要相应的修炼乃至悟性才能达到的境界。

在忙碌的每一天，在为预想不到的麻烦忧虑之前，不妨偶尔认真思考一下这种"无策"的境界，把心静下来，好好地反省。

㊴ 最后一击

古时候，日本对于所谓"致命一击"，有着严格的规定和要求。因此，武士们对在最后一刻精神松懈、马虎了事、违背规则的行为深以为耻。

无论做什么事，都要认真确认，要看清看穿最后的结果，精准地、彻底地处理解决。这是古代武士最重要的精神品质。人们从小就开始培养这种品质，从日常琐事做起。从筷子的摆放，到每一句寒暄的话语，都要经过严格的教育和训练。

用这个标准来对照我们今天的工作状态，忽视"致命一击"，即做事不认真、不彻底，含糊马虎的情况何其多也。好不容易完成了百分之九十九的工作任务，但剩下的百分之一，即最后的"致命一击"没有击，结果前功尽弃，等于什么都没做。

其实，只要再留一点神，只要再加一把劲，就能把事情做完，不至于到时再后悔莫及。我们也要以敷衍了事，不认真到底为耻。对马虎的工作态度，要引以为耻，要具备严以律己的精神品格。

㊵ 学会凭灵感

持剑相向，紧张的瞬间，白刃闪耀。进击，跳跃，后退，招式变化之快，让人目不暇接。

在这里没有道理可讲。因为对方的剑从右边袭来，所以我要从右边去挡。在一招一式之间，根本容不得片刻思索。从眼睛看不见的感觉开始，凭借整个身体瞬间闪现的灵感，在刹那间完成该有的动作。而且这种反应，比理性思考更正确，更精准。

一说到灵感，人们一般认为，那是不科学的，不确切的，不可靠的。然而，反复练习，反复修行，从中产生的灵感，具备科学无法比拟的正确性和适用性，其中蕴含着人修炼之尊贵。

世上所谓科学的发明发现，其中大部分都是基于科学家长期修炼所产生的卓越的灵感。把这种灵感原理化、实用化，这才孕育了科学。就是说，科学和灵感本来就不矛盾，本来就是相辅相成的。

关键是修炼，是磨炼。我们应该更加重视灵感。为此，就需要进一步的、反复的修炼。

㊶ 世间之宝

在《太阁记》中记载了一则有名的故事。明智光春（人名）所在的城池，被敌将堀监物率领的军队团团围困。当光春意识到自己的生命即将结束时，他就将城内珍藏的各种宝物搬到城外，并对敌将说："我不忍心眼看这些珍宝化为灰烬，希望经贵公之手，归还世间，请务必接受。"

"鄙人认为，这些宝物，只有在持有者生命存续期间，归他所有，但它绝非个人的私有之物，它是天下之物，世间之宝。一代人持有的时间是短暂的，但我祈愿，这些名器宝物能够长存于世。一旦毁于战火，那是国之损失。武将的这种不义之举，必遭后世唾弃。因此，现特将宝物托付于你。"

不为私心所蔽，一直到临终之际，始终站在公的立场上，对后事正确判断，妥善处置。我认为，光春的这种磊落态度，体现了圣贤文化培育的人本有的价值观。

世间之宝，并不仅仅限于珍藏的宝物，还包括上天赋予我们的才能和我们的日常工作，这一切都是世间之宝。认定这一点，不为私心蒙蔽，努力发挥自己的才华，为社会做贡献。从这一点来讲，光春的做法，即使在今天，仍然值得我们好好学习。

㊷ 自问自答

自己做的事，别人会评论。有表扬的，有批评的，有态度冷淡、视而不见的，也有评价很高的，还有出乎自己意料的。人的看法多种多样，评论当然也各色各样。

有时因获好评而欢欣雀跃，有时因不被理解、受到差评而心里不爽。一喜一忧，时喜时忧，是人世间的常态。但是，不管是褒还是贬，是表扬还是批评，都应该看作是对自己的鞭策，都应该表示感谢。

然而，更重要的，不是别人如何评论自己，而是自己对自己的评价。自己的所作所为真的对吗？自己的想法、自己的行为真的正确无误、问心无愧吗？必须公正地、实事求是地对自己进行评价。

为了做到这一点，必须反复进行素直的自问自答。自己逼问自己，自己作出回答，这绝不是容易的事。马虎的心态不可能让人做出深刻的反省，而诚恳的自问自答，就能让勇气倍增，让智慧如泉涌。

再一次自问自答，再一次扪心自问，再一次诚实作答吧。

㊸ 坚韧不拔

　　不管什么好事，想要一举成功，首先是不可能的。同时，想着要一举成事，而仓促付诸实行，必将在某处横生枝节，出现问题。所有的事情，都需要一步一步去成就。

　　因此，越是好事，越是认为正确的事，就越需要足够的耐心，越需要坚韧不拔的精神。这种思维方式很重要。

　　有句话是"德不孤，必有邻"。它的意思是，凡是正确的事，到时一定会获得人们的理解。不过，好事也不可能一蹴而就，必须循序渐进。所以，不管自己认为是多么正确的事情，也不能被所谓的"正确"绑定，急于求成，草率从事。更不能因为着急而诋毁他人。自己的主张究竟是正确的还是错误的，在获得世间的公正评价之前，首先要保持谦虚的态度，以坚强的毅力，百折不挠的忍耐力去实行，推动事业的发展。

在当今这个浮躁的社会，人们往往因不安和恐惧而失却镇静之心，失却忍耐的美德，失却顽强奋斗的美德。因此，抱着谦虚的态度，一次、两次、三次反复地自我反省，是非常必要的。

㊹ 苦思焦虑

人永远达不到神的境界。凡事都能一眼看透，一切都能称心如意，没有烦恼，没有忧愁。人世间没有这样的事。有烦恼，有忧愁，有迷茫，不明白，搞不懂，怎么也判断不了，怎么也下不了决心。这样的情况，在日常生活中经常发生。

若是下一盘棋，哪怕没有想明白就胡乱走棋，也不至于给别人增添麻烦。但是，在今天这个世界上，人与人之间的关系密切，如果苦思焦虑后仍然理不出头绪，稀里糊涂，盲目蛮干的话，就可能给别人带来极大的损害。

自己不懂，就应该请教别人，不要把自己封闭在螺蛳壳里。诚恳谦虚地征求、认真耐心地倾听别人的意见。不管别人的意见或建议如何，只要自己求教心切，在与别人的交流中，自然就能获得有益的启示。

　　不以不懂为耻，不以忧虑为耻，不以迷茫为耻，而要以自我封闭为耻，以不懂却不问为耻，以不肯放下架子、不愿请教别人为耻。

在漫长的一生中，人总会有几次

站在左右自己未来的岔路口

苦思焦虑，坐立不安。

在长远的历史中，国家也总有几次

需要敏锐洞察前进的方向，

这种意义重大的时刻，也会不期而至。

郁郁葱葱的国土，底蕴深厚的传统与历史，

从中培育的优秀的民族素质，

凭借这些，静静地思考，看清这个国家的未来吧。

第五章

在遭遇困难的时候

㊺ 担忧也有积极的一面

没有任何担心，没有任何忧愁，没有任何恐惧，如果这样的话，那么天下太平，万事大吉，该多么美好啊！然而，这不过是一厢情愿，世间没有这等便宜的事。人难免担心、忧愁和恐惧。

其实，面对种种人生威胁，我们拼命努力、千方百计去应对，去化解，不让它们酿成灾祸。这正是人生的巨大价值所在，正是体味人生深刻意义的重要机会。如果缺乏这种意识，就会觉得这个世道实在应该诅咒，自己的人生完全是一片黑暗。

面临困难和障碍，无须恐惧，不要退缩，但不妨担心，"担心也是好事"。担心和忧虑可以成为孕育新事物的契机。

这么一想，就可以堂堂正正地面对困难，集中精力，汇聚智慧，动脑筋，想办法，去克服困难，跨越障碍。在这个过程中，我们就会萌生出意料之外的新的创意，就能开辟出新的光明的道路。

有人说，这简直是不可思议，但正是这种不可思议，才能让我们品尝人世间无限的妙味。

㊻ 等待时机

无论做什么事情，都有一个时机的问题。时机，它超越人的力量，是眼睛看不见的大自然的力量。无论多么盼望，春天不到，樱花就不会开放。无论多么着急，时机不到，事情就不会成功。冬天到了，春天就近了。樱花静静地等候春天的来临。这是因为它发自内心地相信大自然的恩惠。

坏的时机过去，好的时机一定到来。大凡成事之人，必会等待时机的到来。不急不躁，静静地等候时机的到来。待时之心，状如待春的樱花。然而，什么都不干，单纯地等待，就等于等待侥幸。静待春天到来的樱花，它一瞬也不停歇，不断积蓄力量。如果没有积蓄的力量，即使时机到来，事情也无法成就。

没有得到时机的人，静静等候就行。由衷相信大自然的恩惠，相信时机的到来，一点一点积蓄自己的力量就行。凡是踏实勤恳持续积蓄力量的人，一定能等来他的时机。

听说要等待，就愈加心急，这也是人之常情。但是，自然之理不会因人的情感而转移。这不是冷酷无情。温暖的阳光必将照到静候时机的人身上，让我们养成一颗等待时机之心吧！

㊼ 站在岔路口

动物园里的动物，毫不担心没有食物，毫不担心其他动物的侵害。在规定的时间，就能得到各种营养丰富的食物。在受保护的笼子里，随意躺卧，呼呼大睡，悠闲自在。

但是，它们因此就过得很开心吗？动物的心，我们无法了解。但是，我觉得，在广阔无边的原野上纵情奔跑的那种幸福感，时而会在它们心中升起，虽然它们那时身处危险的境地。

如果我们没有任何的不安，既没有危险，也无须担心，因此既不必费脑筋，也不必花力气。我们有时会憧憬这样的境遇。但是，在这样的环境中，我们还能迸发出强大的生命力吗？

　　我们还是要不断地直面困难，站在不知该往左还是往右的岔路口，倾尽全力，拼上性命，突破难关。可以说，这才是生而为人最充实、最有张力的生活。大家在遭遇困难，心生虚弱时，不妨再思考一下上述观点。

㊽ 用好自由豁达之心

　　世间宽阔，人生漫长。在如此宽阔的世间、如此漫长的人生中，人必然会遭遇麻烦、困难、艰辛、痛苦、挫折，等等。这是人的宿命，程度或因人而异，但没人可以逃离，我当然也不例外。此时此刻，如何思考，如何应对，乃是关键。思考和应对的方式，决定了一个人是幸福的还是不幸的，是向前飞跃还是向后倒退。

　　难呀难！怎么办？不管做什么都无济于事，山穷水尽！一味消极地思考，必然情绪低落，使得本有的智慧出不来，以往的乐观思维逃之夭夭。末了，还会把责任和原因统统推到别人身上，于是牢骚满腹，黯然凄切，伤及自己的身心。

　　断而行之，鬼神避之。不把困难当困难，思路一新，精神焕发，下定决心，勇猛向前，困难反倒成了飞跃的踏板。关键是思想对头，只要下定决心，果断前行，再难的事也会变得不难。

　　人之心，犹如孙悟空的金箍棒，伸缩自如。只要用好此自由豁达之心，危机就会变成良机，就一定能在艰难中开辟出光明之路、理想之路。

㊾ 社会是什么

社会，既有严厉的一面，又有宽容的一面。这层意思，从前的人用"明眼者千人，盲目者千人"这句话来表达，深得其妙。

社会有盲目的一面。所以，工作马虎，生活懒散，有时也过得去，没人苛责。就是说，这个宽广的社会具备足够的包容力。然而，如果马虎懒散成为习惯，藐视社会，把社会生活看得太安逸，那么，社会明眼的一面就会显现，其严厉的程度，往往让人不寒而栗。

另外，一个人想法很好，又勤奋努力，但有时很难得到社会的认可。这时候，他觉得社会冷酷，认为自己孤独，因而失去希望。其实，大可不必悲观。因为，虽然盲目者有千人，但是明眼者也有千人。所以，意想不到的社会的温暖和宽容正等着你。

　　总而言之，社会有严厉的一面，也有宽容的一面。因此，面对这个社会，始终不要忘记谦虚，始终不要失去希望，要踏踏实实，朝气蓬勃，在人生道路上不断迈步前进。

㊿ 工作是什么

所谓工作，就是决定胜负的活动，要在每分每秒决胜负。我们有没有抱着一决胜负的气魄投入每天的工作呢？

首先，如果是普通的工作，那么，即使稍有懈怠，稍有失误，也不至于危及生命。太阳落山，当天的工作就结束了。于是，心情放松，人也大意起来。今天就是昨天的重复嘛，明天也一样，与今天相比，也不会有什么明显的变化吧。

如此周而复始，智慧不会涌现，产生不出创意，摸不到改进的窍门。而且，这样工作，虽然没有任何的紧张，但也没有一丝的喜悦。

平安无事的时候，可以这么得过且过。但是，这样的日子不可能长期持续。国家的形势，随着国际环境的变动，无时无刻不在变化之中，容不得一刻的疏忽大意。在这种情况下，面对工作，如果不拿出一决胜负的大勇气，就不可能实现真正的繁荣。

所谓工作，就是决胜负的活动。具备这种意识的人和缺乏这种意识的人，他们之间明显拉开差距的时代，已经到来。

(51) 忍耐之德

无论做什么事，忍耐非常重要。但是近来，人们往往忘记了“忍耐”这一美德。碰到一点小小的困难，马上就说倒霉，叫苦连天。

当事与愿违时，咬牙忍住，继续精进，进一步积蓄力量养精蓄锐，这样的气魄荡然无存。更有甚者，还把责任统统推给他人，一味诋毁他人，指责社会。

举例来说，商品卖不出去，就说世道不好。那还有谁来买你的商品呢？商品价高质次，服务还不到位，那么谁愿意买你的账呢？

所以，如果商品滞销，先要自我反省，在忍耐的同时，不断努力，精益求精，生产出让客人乐意购买的商品。一个人必须培养出这样的实力。

车轴脆弱，快要断裂时，车辆就会摇晃不停，咔嗒作响。人一旦失却耐心，就会牢骚不断，呶呶不休。我们应该把忍耐视作一种美德，在工作中保持强大的忍耐力。

不是仅仅满足于个人的小小的幸福，

我们必须怀抱为国家做贡献的梦想和志向。

运用在悠久传统中培育的顽强精神

和迄今为止蓄积的自力更生的能力，

以适应当今这个新时代的新的姿态，

促使政治、经济、教育、文化重新焕发生机。

建设一个生气蓬勃的民主国家，

给这个世界带来更多的幸福。

在丧失自信的时候

(52) 跌倒一次就要醒悟

有句谚语说“跌倒七次，第八次再站起来”。无论失败多少次，决不气馁，振奋精神，继续向前。人生漫长，世界辽阔。失败难免，悲观难免。每当此时，这句谚语就能激励我们。

然而，跌倒了七次，只要第八次站起来就行了。这种满不在乎的想法，却未免愚蠢。跌了一次，不长记性，不吸取教训，那么再跌七次也一样。要做一个跌倒一次就能醒悟的人。

为此，“跌倒不能白跌倒”，这个思想准备很重要。但这句话常被误解为“跌个跟头都想捡个钱包”，是“心术不正”的代名词，但因跌倒而开悟的先哲、圣贤不在少数。

跌倒不能白跌倒，这不是心术不正，而是认真。与其害怕失败，不如害怕失败了还不认真。认真的人，哪怕失败，也不会白白失败，一定会吸取教训，在下一次转败为胜。

希望大家认真起来，不能白跌倒。

(53) 是成功还是失败

干一百件事，只干成了一件。这究竟算成功呢，还是失败呢？一般来说，九十九件事情都失败了，难免灰心丧气，觉得几乎一切都失败了，因而态度悲观，失去斗志，不想再次试验。如果这样，那就是百分之百失败了。

但是，认真思考一下就会发现，没有百分之百失败嘛！虽然只有一件，但这件事做成了嘛，成功就是成功嘛。只要一件事成功，那么，其他九十九件事就有成功的可能性。

这么一想，勇气就来了，就会生出希望。同时，不可小看成功的那件事，要把它看作一次宝贵的经验，一个良好的开端，充满自信，重新挑战那九十九件事。

这样的话，就意味着所有的事情都可能成功，自己的愿望就一定能实现。关键是让目光朝向哪里。是朝向成功的那一件事，因而满怀希望，信心十足呢？还是朝向那失败的九十九件事，因而悲观失望，丧失自信呢？失败和成功的分水岭就在这里。这也是通向繁荣的路标和指针。

(54) 一纸之差

天才与狂人之间不过一纸之差。但是，正所谓差之毫厘，失之千里。可不能看轻了这一纸之差，那么微小的不同，竟可以导致天才与狂人那么巨大的差异。

人的聪明和愚笨，可以说道理也一样。聪明和愚笨差着十万八千里，但也是由那一纸之差导致的。就是说，因为小小的观念上的差异，就产生了伟人和愚笨之人那么巨大的差别。

对同一个问题怎么看，是每个人的自由，所以，抱什么观念，看起来似乎没有多大关系。然而，薄如纸片那样微小的看法的不同，就会导致结果的巨大差别：是聪明还是愚蠢，是成功还是失败，是富裕还是贫穷。因此，轻率马虎地决定对事物的看法，是不行的。

　　仔细想想的话，在我们的生活中，一切都是被一张薄纸的差异左右了。所以，用心深刻理解这个差异非常重要。

　　要做到这一点，就要拥有一颗素直之心。用素直之心如实观察，一纸之差的钥匙就藏在这里。

(55) 坚定的信念

人们常说，在这个世界上，在此生中，人应该秉持“坚定的信念”，坚定有力地向前迈进。这种说法固然很好。但是，认真想一想，在这个人世间，并不存在所谓“坚定的信念”等。不存在的东西怎么能“秉持”？

世界瞬息万变，在这个连明天也无法预知的人世，其实并不存在绝对正确的道路。正因为如此，为了少走弯路，人们苦恼彷徨，殚精竭虑。结果，因为没有别的道路可走，才觉得这条道路似乎最佳。虽然这么想，但心中仍然忐忑不安。一味不安也不是个办法，于是就鼓起勇气，迈步向前。激励自己，给自己打气，一步一步向前走去。

看起来似乎坚定无疑，但实际上人生是摸索着前行的，真正需要的是谨慎和谦恭。

要说无助或许真的无助。但是，与其醉心于根本不存在的"绝对坚定的信念"，还不如以这种心态谦虚前行，减少对人对己的损害，从结果来看，这可能就是一条最好的路。

56 把心定下

暴风骤雨，河川泛滥，城市被淹。那么，这个城市因此就被毁了，一蹶不振了吗？未必如此，十年过后，比起那些从未遭过水灾、从未受过破坏的城市，这个城市反而更美丽、更繁荣。这种情况我们经常看到。

虽然遭受了巨大的损失，蒙受了严重的苦难，但人们没有向苦难低头。抱着无论如何都必须重建家园的决心，人人都发挥加倍的智慧，付出加倍的努力。经过持续的奋斗，这个城市就与那些无灾无难的城市拉开了距离。后者平庸，无所作为。而前者千方百计，拼命努力。这就是差距所在。

无灾无难，当然最好；有惊无险，值得庆幸；顺顺利利，万事如意，那该多么好啊！然而，这不过是一厢情愿。社会也好，人生也好，不可能始终一帆风顺，总会在想不到的时候，发生想不到的事情。

　　因此，苦难来了不畏惧，顺利的话则更好。保持积极的心态，不流于安逸，不甘于平庸，无论什么时候，都要把心定下，心定脑动，殚精竭虑，拿出加倍的智慧，做出加倍的努力，一定要把事情办得更好。

(57) 奋斗之心

在有的人眼里，人生是一条平坦宽阔的大道；在有的人眼里，人生有山有谷，是蜿蜒曲折的险途。哪个是真相呢？看法因人而异，多种多样。

我们很难说每天都走在平坦的大道上，往往是翻过一个山头，前面又是一个山头。连歇一歇，抬头仰望的时间都没有，就要开始新的攀登。这就是人生啊！这样的感悟，在每天的生活中自然而然就会产生出来。

如果站在老天爷的高度看，又是什么情景呢？在我们看来这个连绵起伏的人生，其实根本没有什么波澜，那就是一条平坦的大道。老天爷或许就是这么看的。就是说，老天爷赐予我们的，本来就是畅通无阻的光明大道。但是，因为我们心眼未开，心智未启，所以这个人生，看起来才会是山高谷低。

　　或许某天，我们也能看透真相。但是现在，我们只能不断努力，拼命走好自己的人生之路，除此之外，别无选择。

　　曲折起伏也好，平坦宽阔也好，只有拼命奋斗的那颗心，才是照亮自己前进道路的明灯。

(58) 作茧自缚

在一个狭小的地方拘谨地坐定，血液循环就会不畅，腿脚就会麻痹。身体僵化，动作就不灵。不懂规矩，我行我素，固然让人不快，然而，谨小慎微，过分拘束自己更不好。还是伸展自如，自由自在的状态最好。

无论什么场合，都不可以自我束缚。束缚身体不好，束缚心灵则更不好。心灵的活动一旦迟钝，聪明才智就出不来。

人们对问题的看法多种多样。没有哪种看法永远是最正确的。必须依据时间和场合的不同，自由地做出相应的变通。

心灵受到束缚，就无法做到变通。所以，人不要总是执着于一事一物，把自己禁锢起来，其身心没有自由，就不可能有进步。

世间万物，日新月异，瞬息万变，今天不会再是昨天的模样。因此，我们也要不断地更新现有的看法。不要作茧自缚，要用一颗伸展自如的心，看待事物，思考问题。

(59) 事物的道理

人一旦心态失衡，看别家庭院里的花朵，就觉得格外鲜艳，就觉得孜孜不倦、埋头苦干的，只有自己一人，而人家都是不劳而获，干的是一本万利的营生。羡慕之余，自己也想仿效，企图不劳而获，求得一本万利。这是行不通的。

有时冒出这类荒唐的念头，也是人之常情，不足为奇。然而，在这个世界上，并无不劳而获之人，亦无一本万利之事，一夜暴富那么便宜的事情，并不存在。

看起来好像存在，那是因为自己的心灵已经坠入迷途。事实上，每个人的收获都是自己一步一步踏实努力累积的成果。

因此，不付出努力，就想“湿手拈干面”，轻松获利。这种企图即使一时得逞，也绝不可能持续，最终必将失败。这是事物本来的道理。偏离正道，妄想天上掉馅儿饼，就是贪婪。

贪婪是失败之源。依据事物本来的道理，一步一个脚印，踏实前行，才是正道。

⑥⓪ 集思广益

我们都不是神，所以一个人的智慧总是有限的。就算是伟人，他一人的智慧也是有限的。想只靠有限的智慧跋涉漫长的人生之路，渡越宽广的世界，难免迷路和跌跤。

如果自己独居，与世隔绝，或许还不要紧。在当今这个社会，人与人都紧密相连，所以，自己跌倒就会影响别人。如果会给别人增添麻烦，最好不要自作聪明，我行我素。

有不懂的事情就要发问，有不知道的事情就要向别人请教。即使自以为了解的事情，也不妨再听听他人的意见。古语云"见博不迷，听聪不惑"。无论对方是什么人，只要自己谦虚请教，就可能获得意外的智慧。

就是说，一个人的智慧变成了两个人的智慧。从两个人到三个人，从三个人到四个人，多多益善。这就是所谓的"集思广益"。要有意识地集思广益，不要自以为是，不要一个人去走漫长的人生之路。

(61) 一阳来复

在这宽阔的世界，漫长的人生之中，一个人心里总是美滋滋的，永远称心如意，那是不可能的。一个人没有任何辛苦，没有任何担忧，终生安享太平，固然最理想，但现实中却难以如愿以偿。

时而灾祸降临，陷入穷途，痛苦悲叹，一筹莫展，这才是人生常有的情景。但这也不算坏事。在痛苦悲叹中，才能体会人生的奥义；只有陷于穷途，才能品尝世间的甜酸苦辣。

靠学习获取知识固然重要，但通过实践获得的知识胜于一切。盐的咸味只有亲自舔尝才会明白。掌握知识的方法多种多样。陷入困境，山穷水尽，就是通过亲身体验获取知识的珍贵机会，就是难得的人生机缘。

这么一想，在苦境中就会迸发勇气，就会干劲十足。转变思维方式，新的智慧就会在心中涌现。至此，转祸为福，这就是"一阳来复"。

从乌云中射出一束阳光，再次迎来明媚的春天之时，就是新的光明大道展现之际。我们要雄赳赳，气昂昂，再次出发。

不要一味局限于自己一个人一时的立场，

要放眼远望二三十年后的整个世界，

每个人、每个团体都发挥各自的特长，

在既生机勃勃又秩序井然的自由中，

人和社会才能无限地成长发展。

该补的相互弥补，该帮的相互帮助，

站在世界的高度，迈步走上自由阔达的道路。

提高工作效率

(62) 工作的意义

无论什么工作，都源于社会的需要。如果没有世人的需求，这项工作就不能成立。比如，人们希望在路边就可以擦鞋，擦鞋的生意才应运而生。否则，擦鞋这项工作就无从谈起。

所以，以为自己所做的工作，是自己想干的、自己想做的事情，那就大错特错了。实际上，工作是社会赋予的，是社会的需求。这就是工作的意义所在。

对自己的这份工作，想这么干又想那么干。这样的人充满热情，非常难得。但如果他忽视了自己的工作是社会的这一点，那么，热情就会变成失控的野心，或者止步于小小的自我满足。

工作能否有所突破，取决于社会。只要按照社会的要求，自然地推进自己的工作，就可以了。

重要的是，要诚实地、谦虚地、热心地将社会赋予的这项工作，做好，做出色；要全力以赴地回应社会需求。希望大家永远不要忘记工作的意义。

(63) 工作方式的创新

额头冒汗，勤奋工作，是值得称赞的。但是，天长日久，一如既往地只会苦干，就显得缺乏智慧了。这就好比走东海道，不乘火车，像从前那样徒步跋涉，这样的辛苦有价值吗？东海道五十三个驿站，从徒步到轿子，从轿子到火车，从火车再到飞机，交通工具日益进步。换句话说，随着时代的进步，人们额头上的汗水越来越少。这可以看出人们生活水平提高的轨迹。

工作特别卖力，比别人多干一小时，很值得尊重。这是努力，是勤奋。虽然比过去少干了一小时，但成效比过去更高，这更值得尊重。这说明人的工作方式得到了改进。

缺乏创意，就不会有这种改进，不找窍门，效率就无从提升。劳动光荣，但在劳动中必须找窍门，必须钻研、创新。可以称赞额头流汗，但额头不流汗，凉快高效的工作方式更值得称赞。这不是鼓励懒惰，而是奖励为了轻松工作而积极开动脑筋。

　　愉快地工作又能取得更好的效果，这种事半功倍的工作方式，要靠大家琢磨、创新。社会繁荣的根源也在这里。

(64) 注重效率

做事要仔细，要用心，要一遍遍检查，确保没有任何瑕疵，确保万无一失。这种态度在任何场合都十分重要。小事疏忽，大事也做不好。再小的事情，都要周密思考，仔细落实。然而，因为要细致入微，所以增加额外的时间，这种做法不是真正意义上的成功之道。

从前的能工巧匠往往把时间看作是次要的，以做出一件完美无瑕的作品为傲。在德川时代，一个人花费足够的时间，精心制作一件饱含创意的作品，就能获得人们的欢喜和推崇。

但现在是一个时间就是金钱的时代，一分一秒都十分珍贵。所以，既要入念入心，细致缜密，又要追求比过去更快的速度。做不到这一点，就谈不上成功，也不能满足人们的需求。

　　追求快速，不等于草率从事。认真细致，又不能在时间上落后于人。既无瑕疵，又及时，这才是当今名家的真本事。

(65) 规矩很重要

一早起床，洗好脸，先到佛龛前席地而坐，合掌祈祷。全家一起合掌，哪怕只是一炷香的工夫。这就是早上的规矩。晚上睡觉前也一样。晚上是晚上，也必须为其制定明确的规矩。虽说没有必要拘泥于某种特别的形式，但是，划分一天的界限，就是从这种态度中体现出来的。

无论做什么事情，规矩最要紧。没有规矩，生活就会毫无章法，如此就工作不好，智慧出不来，还会招致损失。

做生意如此，经营企业也一样。经营没有规矩，就会在某时某地出现漏洞。经济景气时还能掩盖，一旦经济萧条，企业瞬间就会崩塌。

千里之堤溃于蚁穴。再大的生意，也会因为哪怕微小的规矩松懈而失败。所以从平时的日常工作开始，哪怕小事也要定好规矩，并且严格遵守。

为了做到这一点，重要的就是培育教养。平时就要养成良好的习惯。具备良好的教养，既是为了自己，也是为了不给社会增添麻烦。让我们注重修养，过上有规矩的生活。

⑥⑥ 看见旗帜

去射击场练习射击的时候，在远处的靶子下方，总有监督指导的人。每次射击后，他们都会摇一摇旗帜。只要看那旗帜的摇法，是射中了还是射偏了，是偏向右边还是偏向左边，就会一目了然，据此，射击手就可以调整下次瞄准的方位。

如此这般反复练习，就能逐步提高射击水平。要是不看旗帜，哪怕发射百万颗子弹，也等同于在黑暗中盲目放枪，不知道射击的效果，更无法提高射击的水平。

认真想想，在我们每天的工作中，其实也有许多旗帜正在摇、正在飘。例如数字，如同旗帜，是有形的，是眼睛看得见的信号，但眼睛看不见的"旗帜"，占压倒性的多数。

只有看透那些肉眼看不到的"旗帜"，慎重核查每一天的成果，一个人才会在工作上有真正的长进，每天才会积累宝贵的经验。

虽然大家每天都忙忙碌碌，但在这繁忙中，不光要努力看透眼睛看得见的旗帜，也要看透那些眼睛看不见的"旗帜"，及时发现问题。希望大家经常严格地、有意识地培养这种洞察事物的能力。

⑥⑦ 纠缠

小孩儿纠缠父母，甚至缠得父母心烦。父母有时也会发牢骚："这孩子讨厌透了！"尽管如此，父母还是觉得孩子可爱，能被孩子纠缠很开心，很幸福。

同自己养育的小孩儿一样，对于自己生产的产品，自己销售的商品，自己所做的工作，生产完了，销售完了，工作完了，就不闻不问的话，就会心存愧疚。对社会而言，对工作本身而言，到此还没有结束。认真制造，诚实销售，热心做事，这样的人，对自己制造的产品，对自己销售的商品，对自己完成的工作，都会继续认真跟进去向。

不仅跟进，而且不管在何时何处，都想继续"纠缠"。它被用在厨房就追到厨房，它进了客厅就追到客厅，它去了国外就追到国外。无论它们去了哪里，自己都会不厌其烦地"纠缠"到底，探究客人使用的情况：产品有无不便之处，有无故障，等等。

有时客户也会厌烦。但是，我们对工作的那份执着，那种认真劲儿，那种诚意，会让客户开心，觉得难得。

我们都应抱着这样的心态去制造产品，销售商品，投入工作。

(68) 吸引力

磁石吸铁，虽然我们的眼睛看不见是什么力量，但就是这种看不见的力量很自然地就把铁制品吸引过去了。

人是要工作的。为了做好工作，我们需要在各方面做好准备，其中最重要的就是热情——充满了诚意的那种热情。知识很重要，才能也很重要。但是，没有知识，没有才能，就无法工作了吗？那也不是。

一个人尽管能力不佳，也缺少知识储备，但是如果他满怀热情，内心想着：无论如何都要干成这件事，无论如何都要把这件事干好，那他就能把事情做好。

即使他不能仅靠个人的力量完成这项工作，但他的那份充满诚意的热情会成为无形的力量，很自然地把周

围的人吸引过来。就像磁石吸引铁片一样，意料之外的
援兵就会被吸引过来把事情做成。依靠大家的帮助就能
让事业成功。

　　缺乏热情的人好比纸上画饼。有知识，有才能，但
没有热情，就等于什么也没有。希望大家满怀热情，全
力以赴，全神贯注，投入每一天的工作。

(69) 竭尽全力

无论做什么工作，我们在拼命的、认真的、竭尽全力的时候，一种自己安慰自己的念头就会从心中升起，会不由得用自己的手抚摸一下自己的脑袋。今天一天真的很卖力，干得真漂亮！虽然身体疲惫，但这么一想，感觉食物格外可口，心情特别舒畅。松一口气，再回头想想，今天好满足呀，很有成就感。最后平静下来，叹一声："尽人事，听天命。"

力不能及的事情不在少数。尽管力不能及，却已经全力以赴了。这样就没有遗憾，很是宽慰，心满意足，喜悦之情，涌上心头。这样的心情是其他任何东西都无法替代的，是金钱也买不来的。

认为这是金钱可以买来的人，是不理解工作乐趣的人，是没有品尝过工作妙味的人。而没有体验过由衷喜悦的人，是不幸的人。

　　事情的成败固然重要，但超越成败的更为重要的是：存在于自己内心的已经竭尽全力且无愧天地的那种感受。

(70) 不马虎

从上司那里接到某项指令，然后按照指令不折不扣地完成了任务。一个人能做到这一步，已经不错了。但问题是，接下来有没有把结果及时地、如实地向上司报告呢?

有人认为，我已经按照指令做了，而且做得很好，这就行了。也有人认为，即使按照指令把事情办好了，我还必须及时地、如实地向上司报告，这样上司才会安心。这两种做法似乎没有多大差异，但是，就这么一点区别会让上司对这两人的信赖感产生很大的不同。

在工作中，智慧很重要，才能也很重要，但更重要的是，对人们认为是琐碎的事、普通的事，也能保持毫不马虎、一丝不苟的态度。难事能做，平凡的事却做不好，这不是一个人应有的工作态度。

一个人通过琐碎的、平凡的工作不断积累经验，并且持续增进智慧提升自己，才能获得别人的信任。

(71) 专业意识

所谓专业人士，就是把某种特长当作自己职业的专家。所谓职业专家，就是在其职业领域能够独当一面，能够挣钱吃饭，以此为生的人。换句话说，一个人无论从事什么职业，能在该领域从别人那儿赚到钱，就已经是专业人士了，不是业余爱好者。

在演艺界和体育界，专业人士和业余爱好者之间泾渭分明。才不出众，艺不压人，观众不会轻易掏腰包买他的账，客人不是慈善家。

所以，当一名专业人士并不容易，要保持专业水准，更是必须付出不同寻常的努力。此事不可等闲视之，不能把事情看得太轻松。

走出学校，进入公司或政府机关，一进入就会领取月薪。拿到工资就意味着在这条道上你已经自立了。换句话说，你已经进入了专业人士的行列，已经不是什么业余爱好者了。

　　这就和演艺界和体育界的人士一样，需要具备作为专业人士的强烈意识，需要自觉地磨炼自己。问题就在于，你是否具备专业人士应有的自觉。

为了过上和平与幸福的生活，

我们都必须严格遵守法律和制度。

要明确区分该做的事和不该做的事。

只有大人、小孩儿都将此铭刻于心，

这个国家的政治、经济、文化和教育，

才能与民主国家这一称谓相匹配。

这样国家才能生机勃勃，沿着正确的道路快速发展。

更好地发展事业

(72) 改变视角

富士山从西边、从东边都能攀登。西边的路不好走，就从东边上。东边险峻的话，从西边攀登就行。道路有几条，根据时机和情况的不同，灵活选择就行了。单单执着于一条路，就会出问题。无视问题，想强行通过，就会碰壁。因为我们妄图撼动无法撼动的大山。这时候，山是照样岿然不动的，我们只要轻松地动动自己的身子，找一条新的路线就行了。

不管做什么事情，如果此路不通，首先要改变的是自己看问题的视角。但是，人们往往在无意识中执着于一个视角，忘记了还有别的看问题的角度。这种情况非常多。这样就会走入死胡同。即使没到死胡同的程度，也会遭遇许多困难，比如贫困问题就是这样产生的。

　　我们应该灵活地改变看问题的视角，拥有改变视角的宽广的胸怀。无论何事，固守一个视角，言行就会有失公正。在皱眉发愁之前，稍微改变一下视野就行。如果还是看不明白，再改一改视角就行。在这个过程中，正确的道路就会显现。所谓"摸索"，真正的含义就在于此。能做到这一点的人不会陷入绝境。我们都应该抱着这种心态，探寻走向繁荣的道路。

(73) 商业的尊严

在漫长的人生中，始终保持清醒，毫无迷茫，那是很不容易的。在人生迷茫时，给予一束光明，让心灵得到慰藉、产生喜悦的，应该是宗教吧。在人类历史上，宗教在救赎灵魂、净化社会方面，发挥了重要的作用，而且创造出了丰富多彩的精神文化。

宗教的力量是伟大的。它抱着救人救世的强烈信念，主动去满足社会的需求。因此人们发自内心地感谢宗教，在欣喜之余，给予施舍或捐赠。

宗教令人尊敬。但是，认真想来，商业这一行，与宗教不也是一脉相通的吗？经商、做买卖，是为了提高人们的生活水平，让大家日子过得丰富、便利。为了满足社会的需求，商人们不遗余力地提供包括服务在内的各种商品。因此，只要价格合理，商品就会受到人们的喜爱，商人们也能获得相应的报酬。

　　如果在无奈之下被迫降价，得不到正当的报酬而陷于痛苦，那么，就要想一想问题究竟在哪里。在思考宗教的尊严时，我们也应该认真思考商业的尊严并时常反省。

(74) 重要的是

不管多么强悍的力士，如果在比赛中获胜的方式不是堂堂正正的，他的粉丝就会失望，他就会失去人气。也就是说，既然是比赛，大家当然都想获胜，但为了获胜，什么肮脏手段都使用的话，那就不是真正的比赛，胜者也不是优秀的力士。比赛这件事，除了胜负，获胜的方式、失败者的表现等往往成为很大的关注焦点。

经营事业与此完全相同。无论事业的规模多大，或者多小，既然干事业，就必须取得成效。所以大家都会拼命努力。然而，如果为了提升效益就不顾一切，横冲直撞，一味蛮干，甚至不择手段损害他人，那么，这样的事业就没有任何存在的价值。

因此，在事业取得成效时，其成效的内容，也就是说，如何以正当的方式提升效益，同样是一个重要的问题。

　　以光明正大的方式获取事业的成功，也许是困难的事情；但是，为了实现共同的繁荣，我们就是要在困难的事情上取得成功。

(75) 珍惜粉丝

拥有粉丝是一件值得庆幸的事。比如相扑，如果是自己偏爱的力士，一见他获胜，粉丝们就会无条件地欢呼。如果他失败了，就会发出同情的叹息。粉丝们并不想得到什么，没有任何功利心，他们在这位运动员身上找到了自己喜爱的某种优点，为此他们就会热情声援。

所以，无论是运动员还是艺人，都十分珍惜自己的粉丝。为了不让粉丝失望，对于自己受粉丝喜爱的长处，他们会反复磨炼，不断提升，尽力发挥得更好。粉丝是运动员、艺人进步的动力，也是促进体育界、演艺界进步和发展的一大要素。

认真思考一下的话，其实我们也拥有粉丝。粉丝并非体育界、演艺界专有的。我们个人也好，店铺也好，公司也好，也都拥有各自的粉丝。他们或明或暗，都在强有力地支持我们、声援我们。

我们要重新认识这个事实，倍加珍惜这些难得的粉丝。对他们喜好的特长，要磨炼好，发挥好，并不断地提升。这就是个人、店铺、公司走向繁荣的关键所在。

⑦⑥ 合掌致谢

面条的价格相同，但顾客更喜欢走进服务周到、待客亲切的面馆，而自然地避开那些待客冷淡、既没礼貌又没规矩的面馆。

客人吃完离店，发自内心，双手合十，对着客人的背影表达感谢，这样的面馆一定兴旺。将这种心态贯彻到底的话，面条的味道自然会得到改进，店家会对每位客人体贴入微，认真做好每一碗面条，在汤水的咸淡和汤汁的鲜味上下足功夫。

还有一条，不让客人久等。就算服务态度再亲切，面条味道再可口，如果让客人等得不耐烦，在今天这个时代，客人也会敬而远之。

既然具备面向客人的背影合掌致谢的心意，当然能够理解客人想要早点吃到面条的心情。

　　亲切，美味，快速，对客人合掌致谢，这种用心的重要性，又何尝仅限于面馆呢？我们每个人都要认真思考其中的道理。

⑦⑦ 理所当然的小事

无论做什么事，反省和检讨的必要性都不言而喻，这一点，今天似乎无须再次强调。但是，经商、做买卖，反省和检讨尤其重要。

哪怕是烤山芋这种简单的买卖，一天的生意结束，也要认真计算营业额。卖得好，要总结卖得好的经验；卖得不好，就要检讨卖得不好的原因。要研究采购的问题，改进烤制的方法，反省服务方面的不足。这样来鼓起新的热情，投入明天的工作。这就是烤芋店兴隆的秘诀。

更何况经营多种商品、接洽众多客户的买卖，如果在这一点上马虎了，连烤芋店每天都做的反省和检讨也忽略了，那怎么能期待明天比今天做得更好呢？

　　看来是理所当然的小事，但理所当然的小事，要理所当然地做好，却需要相当的修炼。从平凡通向非凡的路径，就在于把人们认为是理所当然的小事，理所当然地做到位，持之以恒，点滴积累，精益求精。

(78) 受教于敌

如果一味认定只有自己是正确的，那么，对自己的意见有异议的人就是错的。自己是正义的，对方简直就是邪恶的，就是“敌人”，所以要憎恨他们，要打倒他们，要消灭他们。

作为人之常情，这或许也是一种不得已的、没办法的事吧。然而，从我们认定是绝对错误的对手那里，我们其实是可以受益匪浅的。

正因为对方出了那一招，我们才想到这样来接招。正因为对方如此对付我们，我们才会采用相应的办法与之抗衡。想方设法，用尽智慧，并在这个过程中，不断进步。看起来是自己在思考谋划，但实际上是受教于对方。正因为对方的刺激，我们才会绞尽脑汁。可以说，这就是受教于敌手，敌人就是老师。

只想把对方打倒，并不算多大的能耐。对手没有了，就没人教我们了，于是我们也失去了进步的机会。因此，倒不如接受对立意见继续存在，不断相互学习，从中寻求进步和提升的方法。就是说，在对立中寻求协调之道。这才是自然之理、共存之理，也是繁荣的道理。

(79) 成功也有危险

成功比失败好，这是不言而喻的。但是，谋划三件事，三次都成功，这就有点危险。因为次次成功，这个人就会产生自信，而如果自信爆棚，拍着胸脯说：“这事包给我！”这样的话，别人就无奈了。失了谦虚，别人的意见进不了他的耳朵，这就太危险了。

当然，自信很必要。缺乏自信而去谋划事情，还不如一开始就别干为好。但是，这里的自信，一般都是大体估计的东西，不是绝对的东西。世界上并不存在绝对的、万无一失的、确信无疑的东西，自信都是相对的，都是假设性的。大家只要不忘记这一点，就能始终保持谦虚，就能素直地、实事求是地听取他人的意见。但是，人这种存在，实际上很难做到这一点，只要稍取得一点成功，就很容易产生绝对的、过度的自信。

　　所以，不管多么了不起的人，三次当中有一次失败，也许对他更有好处。这种失败如果促使他反省，变得谦虚的话，他就会成长。连续失败是经受不起的，但连续成功也有危险。

⑧⓪ 满怀热情

企业经营不可思议，工作也不可思议。哪怕连续干了几十年，依然觉得不可思议。那深度没有底，那广度没有边。无论怎么思考，还会冒出新的想法；无论如何操作，还会出现新的做法。

就拿服装设计来说，原以为花样翻新已经做到极限，但不久又来了新的灵感，新款式层出不穷，变化不断，进步不停。稍微改变一下想法，新的设计就可能应运而生。经营也好，工作也好，都是这样。

但是，人的热情一旦消退，经营的神秘感、工作的神秘性就会随之消失。无论如何都要登上二楼，无论如何非攀上二楼不可，这种热情就会让人想到梯子，就会让人造出楼梯。如果缺乏热情，觉得是否爬上去无所谓，头脑里就不会浮现"梯子"的概念。

制造出梯子的不是能力，而是热情。经营也好，工作也好，都是如此。所谓不可思议的经营，所谓不可思议的工作，只要满怀热情，认真思考，就能做好、做成功。

(81) 自立门户

从前，一个人在一家店里干了若干年成了掌柜以后，就可以请求老板，使用该店的商号，另立门户，独立经营。现在，这种做法在少数地方也许还存在，但今天的社会状况已经发生了很大的变化。

生产和销售的规模不断扩大，店铺这种组织形式已经变成了公司，所以，过去那种自立门户的做法几乎已经消失。就是说，老员工独立开店已经变得很困难了，作为公司的一员，终生在公司工作已经成为常态。

随着社会的进步，向大规模生产销售的方向演变是自然的。这也是无可奈何的事情。然而，自立门户，开始独立经营那种自主性、工作的主动性却不应该丢失。

虽然名义上只是公司的一名员工，但在实际工作中，在各自承担的职责上、取得的业绩上，其实也是某种形式的"自立门户"，大家都在做各自工作的主人公。这种气概，这种独立自主的工作精神，我们一辈子都要保持，不可失去。

(82) 同样是钱

一笔钱，如果是从他人那儿轻易得来的，我们就不会珍惜，大手大脚，花钱如流水，很快就会将其用光。这个钱没用好，它的价值没有体现。还是这笔钱，如果是自己通过额头流汗得来的，就不会轻易乱花，就会精打细算，慎重使用。金钱的价值就能得到充分体现。

钱在天下流转，是有价值的东西。所谓自己的钱，不过是在某段时间内这个钱由自己持有并保管而已。它终究是天下的钱。乱花乱用，不懂得发挥金钱的价值，就等于让天下的财富失去它应有的作用。因此，有效用好用活每一笔钱，是我们每个人对国家、社会应负的一种责任、应尽的一种义务。

因此，钱必须由自己额头流汗、辛勤劳动得来。

那种不劳而获的钱，不能要，也不能借。金钱的入和出，在个人生活中如此，在事业经营中如此，在国家运营中也是如此。这样的用心，这种思维方式，是非常重要的。

(83) 追踪到底

向月球发射火箭，一声轰鸣之后，火箭直冲云霄，一会儿就飞出了人们的视野。但是追踪火箭的仪器设备却在不停地工作，不管火箭飞到哪里，飞到几千公里、几万公里之外，一直到达月球表面，科学家分分秒秒都在追踪，都在记录分析。正因为这么做了，发射火箭才有价值。不去跟踪，就没有任何意义。如果发射出去以后就不顾了，看不见了就不管了，那就是纯粹的浪费。

在人类社会，在人和人的关系上，也是同样的道理。向人发布命令，做出指示，或提出要求，如果命令发出后就不管了，指示做出后就不问了，要求提出后就忘记了，那么，这样的命令、指示、要求就没有任何意义，也不会产生任何效果。发布命令之后，必须跟进命令的执行情况，必须跟进到底。这是命令发布者应有的负责任的态度。

　　被跟进的一方虽然不轻松，但跟进的一方责任更重。这甚至比科学家追踪火箭更费心，更需要耐心。但人们却往往放松了这种跟进，模糊了自己的责任。必须强调，跟进方也好，被跟进方也好，都必须有高度的自觉，拿出足够的勇气，拿出至少不亚于科学家追踪火箭的那种认真的劲头。

现在你天天奋斗的目标是什么？

现在国家正在前进的方向是什么？

如果大家热爱我们共同的国家，

如果大家珍视我们国人具备的优秀品格，那么，

无论是政治家、企业家，还是劳动者、家庭主妇，

都要丢弃只依赖别人的懈怠心理，

切实承担起各自应该承担的责任。

第九章

拥有独立自主的信念

84 觉悟自我

　　狮子故意把自己的孩子推下谷底。这是何等暴烈的气性、何等冷酷的举动。但是，在这种暴烈和冷酷之中，幼狮却决不会气馁。

　　它们拼命努力，它们极其认真，哪怕几次跌落，哪怕寸步难上，它们也会一步一步从谷底往上攀爬。正是在这个攀爬的过程中，它们才懂得了什么是自立。"无法依靠他人，只能依靠自己的力量向上爬"这个道理的重要性，它们身体力行，领悟了，也就是认识了自己。由此，狮子才萌生了它本有的王者风范。

　　要认识自己、自我领悟，就需要我们接受严酷的考验，需要勇气，甚至有时候会因走投无路而哭出声来。哭泣可以，哀叹可以，但是，下一个瞬间，必须鼓起新的勇气。

　　严酷本身就是自我领悟的第一步，是通向强有力的自立之路的珍贵的"路标"。因此，让我们拿出勇气，抖擞精神，努力前行吧！在这个风云变幻的世界，国家的生存发展不容易，身处其中的每个人的成长也不容易。希望大家认识自我，学会在严酷的环境中成长。

(85) 自私自利

人往往只考虑自己的事情。比如下雨了，想的只是自己不被淋湿，这种情况在日常生活中司空见惯。当然并不是说，不可以只考虑自己。不过，就是只考虑自己，也要有与之相应的诚实态度。

比如，下雨时，谁都会被淋湿，这是自然之理。但只要打伞，就不会遭雨淋，这就是顺应自然之理的态度，就是诚实的态度。

所以，如果能看透自然之理，并抱着顺应它的态度，那么，即使只考虑自己，也没有什么不好。但是，不带伞，还想自己不遭雨淋，抱着这种自私自利的态度，就难免栽跟头。如果栽个跟斗，自己觉得无所谓的话，那其他人也无话可说。但是，经常有人会把栽跟头归咎于他人。这就会让自己、他人都感到不愉快。所以那种只顾自己、不顾他人的想法，还是尽量少一点为好。

　　大家都很忙碌。虽然忙碌，但有时候还得静下心来，将自己的言行同自然之理对照一下，自己是不是只考虑自己？这种反省很重要。

⑧⑥ 知恩图报

人这种存在真是随性得很。一方面羡慕别人，嫉妒别人，另一方面，对自己境遇之优越，却毫无察觉，这种情况出奇地多。所以，稍不如意，马上就鸣不平，发泄不满。在充满不平不满的心中，出不来聪明和智慧。难得老天给了优越的条件，如果总是感觉不到，麻木不仁，那么，总有一天会亲手毁了自己的好境遇。

对于老天的恩赐，我们应该感谢。抱着感谢之心，生气勃勃地工作，智慧就会如泉水般涌出，也能给自己和他人带来很大的幸福。想一想，这个道理够简单吧。

然而，要懂得这个简单的道理，意识到自己得到了恩惠，却并不容易。尽管古往今来的圣贤说尽了"要知恩图报"，但我感觉由衷接受圣贤教诲的人却寥寥无几。即使头脑理解了，但内心却不能直接产生共鸣。这就是人心弱点之所在。

　　让我们好好修行吧！为了让自己得到的恩泽，直接在自己的内心产生共鸣，让我们再次认真反省自己日常的言谈举止吧。

⑧⑦ 心怀畏惧

孩子怕父母，店员怕老板，员工怕社长，社长怕社会。此外，还有怕神的，怕佛的。人不同，害怕的对象也各不相同，各色各样。有害怕的对象，心怀畏惧，是应该庆幸的事。正因为知道害怕，人才学会了自我保护。

大家认为，自己的身体属于自己，自己的心灵也归自己所有，所以自己驾驭自己，似乎并不困难。然而，驾驭自己比驾驭牛马，要困难得多，这就是我们人。因此，对于这个难题，就连古圣先贤们也免不了长吁短叹，更何况我们这些凡夫俗子呢？可以说，那更是难事中的难事。

但至少因为有某件害怕的事，畏惧它，顾忌它，在受斥责中，用心自律，学会自我约束。

事实上，不知畏惧是最危险的。有时候，对于认为没有发生才好的可怕事情，人改变了对其的看法，反而会坏事变好事，有一利和一得。

(88) 盘腿而坐

结束了一天的辛苦劳动，回到家里，在客厅悠闲地盘腿而坐，精神放松，身体舒坦。因为懒洋洋的，不愿动弹，家人不免唠叨，说上几句。

在自己的家里这么做当然没问题，但如果不分场合，到哪里都盘起腿来，就会让周围的人感觉尴尬，造成困扰。

更有甚者，仗着自己的地位和立场，大模大样盘腿一坐，忘记工作本来的使命，摆起架子，连该做的事情也不做了。这就不只是让人尴尬和困扰的问题了。自己的事情无法进展不说，还影响周围人的工作进程，甚至会阻碍社会的发展。

每个人都有各自的地位和角色。而各自承担的工作，都要与周围的人互相配合，才能做得更顺利，更高效，更充实，才有助于社会的发展和人类共同的繁荣。而给予个人地位和角色的意义就在于此。在这种场合，自己盘腿而坐，高高在上，就很不合适。

对于自己承担的工作、扮演的角色，我们应该再次审视，再次反省。

(89) 治不忘乱

经济繁荣，生活富裕。这种情况如能一直持续下去，当然很理想。但是，在我们的人生中，时而会起风，时而会下雨。

经济有景气的时候，也有萧条的时候，不可能永远安泰，永远富足。这就是人生，这就是社会。然而，社会安定下来，出现了某种程度的景气，生活水平也提高了，所谓安稳的日子一天天持续，在不知不觉中，大家就会忘记了这个社会的真相，忘记了人生是怎么回事，在忘却中度过每一天。

如果一直这样没事的话，当然最好。然而，突然台风袭来，或者经济萧条的波涛不期而至，这种时候，我们还能像昨天一样泰然自若吗？我们能处变不惊吗？

　　不管什么时候有什么突发事件发生，我们都能从容应对，为此，在平日里就要做好各种准备。这么想，这么做，就是所谓的"居安思危"。这个道理我们都懂，但实际上却总是准备不足。这也是我们人性的一种弱点吧。

⑨⓪ 头等大事

聪明人因为聪明而失败。这样的事例，世上数不胜数。

一般来讲，聪明人首先喜欢的是批判别人，而自己却不肯全身心投入工作。所以，天赋发挥不出来，而简单的工作，又不屑于用心去做，因而失去他人和社会的信任。

但是，有一种人，对工作充满热情，"像傻瓜般只专注一事"。这种人在工作中一心不乱。在别人看来是微不足道的工作，对于他而言，却是"头等大事"，因而全身心投入，精益求精。

理所当然，这种人拥有的智慧，就能以最佳形式充分发挥出来，在工作中运用自如。所谓成功，就是这么来的，这种情况非常多。

　　成功不成功，其实是第二位的。第一位的是一心不
乱，把自己的工作当作"头等大事"，持之以恒，精益
求精。所谓成功，只能从这里取得。所以，在感叹自己
不够聪明，感叹自己力不能及之前，首先，有没有重视
工作，并全身心投入，这才是应该反省的。

(91) 知己

人们常说：打仗，首先要从“知彼”，即了解敌人开始。在战争中，一方之所以战败，是因为它没有认清对方的力量。因为不知彼而失败，这种说法自有它的一面之理，而且这一点确实也很重要。

然而，在了解敌人之前，其实，还有更加重要的事情。那就是：首先要“知己”，要正视和反省自己。知彼是一件困难的事情，但知己则更加困难。

如果说，不知彼，很难定胜负的话，那么，不知己，则一定失败。屡战屡败，失败的原因就在自己身上。我认为，世事万般，皆同此理。自身出现问题而导致失败的事例，多得惊人。

败因就出在自己身上。为了不留这样的遗憾和悔恨，就要"知己"。任何时候，我们都切记要知己。

(92) 刻骨铭心

本以为自己已经拼命努力了，但以某件事情为契机，在受到刻骨铭心的感动之余，才意识到，自己过去的努力还远远不够。

刻骨铭心的感觉非常珍贵，十分难得。为了把事情做准确、做彻底，不管事情是大是小，在人的心底，必须具备刻骨铭心这种敏锐的感觉。

现在要建造一栋像样的楼房，就是充分利用现代化的设备，也得花费一年半的时间。然而，豪华壮丽的大阪城堡，在那个诸事不便的时代，也只不过花费了一年半的时间。在如此短的时间内完成如此伟业，是因为从事这项工作的人们，做不好就会被砍头，不能如期完成也要掉脑袋，于是他们拼上性命也非完成不可，依靠的就是这种认真的劲头。这种严厉的方式是好是坏，姑且不论。但是，比可能丧失生命更让人刻骨铭心的事情，恐怕没有吧。

　　一个今天接着一个今天，我们都在努力工作，但是，达到了刻骨铭心的程度了吗？我们应该思考和反省。

(93) 正常心

一遇火灾，大家都会惊慌。因为是突发的非常事态，人们就不会顾及当时的穿着。哪怕在慌忙中踩了别人的脚，也要赶紧把火扑灭，要把重要的东西抢出来，要向人求救，非常时刻不能不采取非常措施。

在第二次世界大战后的几年中，日本遭遇了比火灾更为严重的非常事态。为此，非常时期的非常举措相继出台，可以说，这是不得已的，是无奈的事。

然而，这些终究只是在非常时期的非常措施。火灾一旦扑灭，踩别人的脚就不行了；向人求救，也不再是理所当然的了。

既然恢复到了正常状态，自然就要求我们的心态也回归正常，要求我们拥有一颗正常心。那么，我国的人心，现在果真已经恢复正常了吗？生活虽然回归了正常，但是甘于"非常"的举止和思想，却顽固地留了下来。

回归正常心需要很大的勇气。拿出勇气，回顾反省，由此迈向正确的为人之道。

(94) 与我有关

不管什么事情，将一切错误统统归于他人，没有比这更轻松的事了。责任全在对方，对自己不利的事，一概佯装不知。如果大家都采取这种态度，互相推诿，这个社会将是一个什么模样？

借口总能找到，要想逃避责任，理由多得是。另外，从法律角度讲，“没有关系”“没有责任”，这类说法有时也能够成立。不过，这也仅仅是理由和法律。在人与人共同生活的社会里，无论什么事情，与自己完全无关，自己没有一丝一毫的责任——那样的事情不可能存在。乍看似乎与己无关，但转过来绕过去，与自己还是脱不了干系。既然如此，我们每个人都要深刻反省，都应具备强烈的责任感。

一切责任都想推给别人，都是别人的不好。这种自我保护的本能，虽然也是人情之常，但其实这是缺乏勇气的表现，是心灵脆弱的反映。如果社会上充斥着这样的人，那么，共同繁荣、真正和平的生活，就无法实现。作为独当一面的社会人，大家都应抱有深刻的反省之心，拿出足够的勇气，认识和履行自己的责任。

(95) 必须受教

人真伟大，非常了不起。人能想出其他动物根本想不到的事。人既能产生思想，又能创造物品，真不愧为万物之王。但是，如此伟大的人，如果一生下来就被放置不管，没人给予其任何做人的教导，那么，他的生活仍将与野兽无异。

自古以来，即使是资质优秀的贤人，从幼儿期开始，也要接受父母等长辈的教育和引导，在此基础之上，才有可能成为贤人。缺乏这种教诲和指引，再优秀的资质也会被埋没，终生没有出头之日。

生而不教，一切无从发生。教育是前辈对后辈的责任，是做人最重要的责任。对于这一重大的责任，我们是不是采取坚毅的态度，抱着做人应有的深深的爱和饱满的热情，充分履行了呢？

　　对于教育，应该倾注更大的热情。而受教的一方，应该更加谦虚。不教不学，一事无成，一切无从产生。

⑨⑥ 好学之心

自己认为，是自己一个人的头脑思考、由自己一个人的智慧创造的东西，其实，全都得益于他人的教诲。

没有人教，自己不学，任何人都不可能有任何创造。幼儿从父母那里，学生从老师那里，晚辈从长辈那里，学习了各种各样的知识之后，才形成了自己的思想，才可能生出自己的智慧。所以，可以说，拥有好思想、孕育好智慧的人，一定是好学的人、善于学习的人。

只要具备好学之心，万事万物皆为我师。无言的树木、石头，飘动的云，天真的孩童，严厉斥责自己的长辈，坦诚建言的晚辈……在浩瀚的宇宙中，在漫长的人类历史中，在无论多么渺小的事物中，在无论多么古老的事件中，都有宇宙的法则、自然的规律在默默地发挥作用，渗透着人们宝贵的智慧和有益的经验。

我们要向所有这一切学习，谦虚地、诚恳地向所有的事物、所有的人学习。只有具备了向万事万物学习的心，才能生出新的智慧，才能生出卓越的智慧。拥有一颗好学之心，是走向繁荣的第一步。

㊗ 最平凡的事

早晨起床后洗脸，在家门口洒水扫地。这些都是平凡至极的事。接受了馈赠，就说一声"谢谢"；给人添了麻烦，就说一声"对不起"；屋里乱了，就整理一下。做这些事一点也不难，也不需要什么复杂的道理。狗儿猫儿或许不懂，但对人来说，这些都是应该做的、最平凡的事，理所当然的事。

但是，一旦加上只顾自己方便的理由，不知不觉之间，屋子也不整理了，脸也不洗了，洒水扫地等事也不干了。平凡的小事不知为何变成了困难的事，该做什么，不该做什么，变得左右为难。这样的现象，在今天这个时代，不是太多了吗？

大家都在追求方便自己且对自己有利的道路。但真正能让大家都走向繁荣的道路，其实就在这些最平凡的事情之中，就在大家都明白的、极其理所当然的事情之中。实在用不着绞尽脑汁，苦苦思索。

　　水往低处流，夏去秋到来。回归到自然之理，用一颗单纯的心，再度思考一下吧！

⑱ 尊敬之心

　　人们瞧不起学校的老师，对老师缺乏尊敬之心，老师就会失去认真教书的热情，学生就学不到知识。对社会来说，这是莫大的损失。

　　所以，教育是神圣的事业。学生应尊敬从事这份神圣事业的老师，虚心向老师学习，一言一语都铭记于心，让自己不断成长。

　　孝敬父母，尊重上司，向长辈行礼，尽力侍奉师傅。不仅是对父母、师长，对每一位工作出色的人，都要心怀敬意。而对于在某个领域做出卓越贡献的人，更要俯首表达钦佩。

　　在天地自然中，在人世间，只要怀有尊敬之心，那么值得尊敬的人或物就不计其数。

狗儿猫儿没有尊敬之心，但是我们人被赋予了一种能力，能够在各种人、各种事中，找出值得尊敬的价值。这是上天赐予人的特性。把这一特性发挥出来，尊敬应该尊敬的人或物，由此来丰富大家的心灵，提高大家的心性。能够做到这一点的，只有我们人类。

把我们人的这一特性充分地发扬光大，提升尊敬之心，才能让大家生活得更富裕、更幸福。

㊾ 感同身受

如果我们听到某件事情，看到某个事物，能够感同身受，那么，见到的、听到的这个事件、这个事物，就会深深地烙在自己的心中，从而生出许许多多、各种各样的感想和感慨。

感动之余，人们往往禁不住热泪盈眶。就是说，人世间的欢喜和悲伤，个中的滋味，人们会感同身受，一直渗透到内心深处。

如果日子得过且过，从来没有刻骨铭心的体验和感想，那么无论见到什么、听到什么，一概麻木不仁，无动于衷——那都是别人的事，与自己毫不相关。这也算是一种生活态度，一种生活方式吧。但是，换一个角度看，这样的人生可谓是索然无味。

对于人来说，在人生的征途中，对人或物能感同身受，实在是一件十分重要的事。

而且，这不只限于与自身有关的事。希望大家抱着感同身受的同理心，再次观察我们周围的事，再度思考我们国家的事，反躬自省吧。

那仅仅是一个无法实现的梦想吗？

我们都生活在同一片蓝天下，

为了探求和平、繁荣与幸福之路，

我们为何不能心连心，手拉手呢？

人一旦认真，必然会出现意见对立，

但是，只要我们拥有共同的美好愿望，

就一定会产生协调对立的巨大力量，

梦想，绝不会永远停留在梦想的阶段。

第十章

度过有价值的人生

⑩ 知道真相

　　人只要看待事物的观念正确，那么什么事情都可以承受，不管多么痛苦的事情都能忍耐。不仅如此，哪怕让人讨厌的问题也能以开朗的态度处理，艰难的事情也能乐观应对。

　　在这里，起决定性作用的，就是一个心态，就是一种观念。即使是同一个人，既能成佛，也能变魔鬼，全在他的一念之间。

　　这么说来，在人生中，令人绝望的事情，一件也不应该发生。不过，为了拥有对待事物的正确观念，人必须了解真实的情况，或者必须告诉他人真实的情况。就是说，必须知晓事物的真相。

　　当然，爱很重要。但是，因为同情对方，或者怕对方痛苦，为情所困而隐瞒真相，就不是真正的爱。而所谓不幸，就是不了解实情，不知道真相。

人真的很伟大，一旦直面真相，反而会大彻大悟，回归沉着平静的心态。所以，为了持有正确的观念，彼此以素直之心相待，任何时候都讲真话，交流真实的情况，是非常必要的。

⑩ 洗芋头

现在已经很难看到在街边洗芋头的场景了。但是，有时在意想不到的地方，偶尔还会碰上令人怀念的、过去那种洗芋头的景象。

在一个大木桶中放进许多芋头，站在木桶旁边的年轻人用两根木棍用力搅拌。在他用力之处，芋头从上往下、从下往上，忽左忽右，不断翻动。大芋小芋，姿态各异，忽隐忽现。

浮在上面的芋头不会总在上面，压在下面的芋头也不会总在下面。时而浮上，时而沉下。感觉这仿佛就是我们人生的缩影。

在人生征途中，总是伴随着或大或小的沉浮起伏。不会永远上升，也不会永远下沉。在沉沉浮浮中，人经受磨炼，获得洗礼。因此，有时浮了上来，不会有丝毫的骄傲；有时沉了下去，也没有悲观的必要。关键是始终保持诚恳、谦虚和开朗的态度，满怀希望，向前迈进。

当骄傲自满或悲观失望的情绪抬头时，想一想洗芋头的情景吧！也许能从中获得某种启示。

⑩ 年关

有年初就有年末，这是理所当然的，因此到年关时，不必慌张，不必忙乱。话虽这么说，但一到岁末，人们还是会忙得团团转，总想为一年 365 天画上一个圆满的句号吧！

人既有生又有死，这也是理所当然的。因此，当死亡临近时，不必张皇失措。话虽这么说，但到了生死关头，总有这样那样的事情放不下，难免心神不安。年关再难，好歹总能过去，但到了生命的尽头，情况就大不一样了。

年关只要过了就是新年。但生命到头，一切就结束了，没有丝毫通融的余地。然而，正因为毫无通融，人才会认真起来。能做到融通无碍，从心所欲又不逾矩，当然很好。但即使无可融通，其实还是有利有得的。

人是各色各样的，事是千姿百态的，人一辈子操心劳神。但是，知道在人生的最后时刻，有一条毫无通融的生死之线，就会在平日里做好各种准备。

人总有一死，这一点大家都非常清楚。但是，尽管非常清楚，还是要经常叮嘱自己，时时提醒自己。

⑩ 自己的过错

人既然不是神，就不能指望没有任何缺点，不犯任何错误。有时会犯错，有时会失败。这些都在所难免。重要的是，任何时候都能坦率承认自己的过错，承担相应的责任，对此必须具备高度的自觉。

比如古代武士的果敢，就体现在对待自己的错误上。他们决不强词夺理、自我辩解，错就是错，如实承认，然后坦荡地、痛快地决定自己的进退去留。这就体现了修炼到家的人的高洁品格。

要做到这一点，如果说难的话，也许确实很难。而在这方面，现在的人未免太脆弱了。原因是修炼不足，还是涵养不够呢？他们不但不愿虚心承认自己的过失，相反，还要推卸责任，为自己辩解，进而对去留进退做出错误判断，失去了自己的容身之地。到头来，甚至自暴自弃，既伤害自己，也伤害他人。这样的话，繁荣、和平与幸福就无从谈起。

如实承认自己的失误，随时承担相应的责任。这种精神境界，要靠在日常的生活和工作中努力养成。

⑩ 勤奋之德

不说天灾地变，只因某个突发事件，一点一点辛苦积累的巨额财富，顷刻间化为乌有，这样的事例，不胜枚举。凡是有形的东西到时都会消亡，"无常"就是这个世间的真相。

但是，一个人掌握的技能、养成的习性，在有生之年都不会消失。所以，能靠得住的，还是自己掌握的技能和养成的习性。

因此，要掌握一门好技能，养成一种好习性，哪怕只有一项也行。而在这当中，勤奋这一习性最为珍贵，比什么都强。

勤奋能带来喜悦，带来信用，带来财富。勤奋是人的一项重要的德行。既然是德，就要"积"，就要不断地努力。

相扑要想强而有力，就必须日复一日地进行艰苦的训练。与此相同，为了养成勤奋的习性，首先必须每天勤奋工作，必须做出这样的努力。只有依靠这种努力的积累，才能养成勤奋的习性。先有勤奋的习性，才有勤奋的美德。让我们不断积累勤奋的美德吧。

⑩⑤ 智慧的差异

一般认为，聪明人与愚笨人有着天渊之别。但是，如果从更广阔的大自然的智慧来看的话，只要是人，那么聪明也好，愚笨也罢，都是有限的。不管多么聪明的人，也不会有神佛的智慧。再愚笨的人，也不会比猫狗更差劲。

我们人的身体、人的心灵，大部分是大自然赋予的，接受的是大自然的恩惠。靠自己，由自己的思想创造的部分，可谓是微不足道。

在这微不足道的智慧差异中，有形形色色的人，有各种各样的生活方式。但是，有一点点小聪明就沾沾自喜，有些许的愚笨就灰心丧气。这样的表现有什么价值呢？归根到底，不过都是幼稚的做法而已。

人的智慧差异其实很小。聪明中有愚笨，愚笨中隐藏着聪明。在小小的聪明与愚笨之间，不要让狭隘的思想搅乱了我们的心。平平淡淡，在老天赋予自己的人生中，心平气和地走好自己的路。

⑩ 模仿的价值

德川家康这个人物确实非常了不起。不过，对他的评价因人而异，有人喜欢他，也有人讨厌他。但不管怎么说，他平定了天下，打下了三百年盛世的基础。这说明，他一定有某些非同寻常的优秀资质。正因为如此，才掀起了"德川家康热"，《德川家康》这部小说也随之畅销，受到许多人的追捧。

但是，如果觉得德川家康了不起，自己就照葫芦画瓢，一味模仿他，那就有点不对头了。正因为是德川家康，才能走那样的路。哪怕出现资质高于他的人物，如果此人只想着模仿，那就难免误入歧途。

当然，学习做事，始于模仿。看看幼儿学步，就会明白。然而，瓜蔓上长不出茄子。播下柿种只结柿子，梅花树上只开梅花。

人也各不相同。如柿如梅，人也各有不同的特质。重要的是，自己的那份特质，自己要认识清楚，要有高度的自觉。

我们人需要自主性。模仿只有在正确认识自己、发挥自主性的意义上，才有价值。

⑩ 提高心性

禅宗的修行十分严格。坐禅时身子稍有动弹，乓！乓！板子马上就落到背上。不可叫痛，不能喊苦。在严格的戒律管束之下，连筷子的一拿一放也不能随意。这种规矩对于懒散成习、自甘堕落的人来说，是分分秒秒都无法忍受的。

但是，这种严格的戒律，经过反复实施，过了一段时间以后，就逐渐变得不再痛苦。在把戒律当作戒律的时候，确实是痛苦的。但是在不知不觉中，习惯了戒律，掌握了戒律，在日常的坐卧起居中，戒律成了自然的行为，这时候戒律就不再是痛苦的了。当在严格的修行中不再有痛苦的感觉时，从中锻炼出来的人性之美就会流露出来。

人本来就是伟大的、美好的。但是，这种伟大和美好，如果放置不顾，就不会呈现。此外，贪图安逸也是人之常情。如果日复一日，习惯了安逸和懒散，那么，人的弱点就会暴露无遗。

老天赋予了人美好的素质。为了挖掘这种素质，让美好呈现出来，我们必须不断地提高心性，直到在严格的规矩中丝毫感觉不到痛苦为止。

⑩⑧ 体验的珍贵

　　假设这里有一位著名的游泳健将，由这位健将当老师，给学员授课，讲解怎样才能提高游泳水平的理论。假设学员们在三年间，不知疲倦，虚心学习，认真听讲，细致入微。有关游泳的理论、注意事项，那位老师讲得头头是道，学员们听得津津有味。最后，学员们都顺利地获得了毕业证书。然而，光凭这些，他们果真能够下水游泳吗？

　　不管是成绩多么优秀的学员，光凭这些理论，马上把他们扔到水里的话，结果会怎样呢？不一会儿，他们就会咕噜咕噜，呛得很狼狈。仅是听老师讲课，是学不会游泳的。

　　要学会游泳，必须下水，必须把身体浸泡在水中。有时会被呛出眼泪，有时不经意中就吞下了几口水，有时甚至要冒被淹死的危险。只有这么做了，身子才能浮出水面，才能学会游泳。体验的珍贵就在这里。

教育指导，只有在这种实际体验的基础之上，才能发挥作用，才能绽放光彩。无论何事，只要听听讲解，就能把本事学到手，那是错觉，必须纠正。

⑩ 开辟新路

深入山地或田野，经常会发现意料之外的道路。我们生活中也有类似的事情，原以为，这个东西是迄今为止最好的东西，但现在发现已经有了更好的东西，原来的东西过时了。我们可以使用新东西，享受新的生活乐趣了。

这样的事情在我们的日常生活中随处可见。即使不是自己想出来的办法，但是在人群中总有某一位，他不满足于已有的东西，不认为现在的方法已经到顶了，他不轻言放弃："应该有更好的方法、更卓越的想法。"于是他反复思考，不断努力。这才有了新的发现。

在漫长的人类历史中，虽然难免一时的曲折，但总的来说，进步发展从未停顿，今后也必将继续无穷尽地发展。人类真的很伟大。

　　我们也都是人类历史中的一颗棋子。正因为如此，无论何事，都不要满足现状，觉得这已经够好了，已经到头了。要抛弃这种无所作为的想法，相信只要深入，必有新路。

　　每天都要持续努力，不断前进。

我们都是这个国家的国民，

国家的发展道路由我们选择，由我们决定。

不要忘记我们是国家的主人。

为了实现国家乃至世界繁荣，

为了我们国民的和平与幸福，

对有关的每一个问题，我们都要认真思考，

要看清看透正确的前进方向。

把我们的国家建设成受人尊敬的、

高效的国家！

第十一章

开拓国家的发展道路

⑩ 国之道

有各种各样的人，所以就有各种各样的人生，有各种各样的人生之路。但是，无论哪条道路，哪怕是一条静寂的小路，各条道路的各种开拓过程，都是不容易的，都饱含着开路人的满腔心血。马虎随意的人不可能开辟新路，依靠他人也无法开拓新路。

但是，更为不易的是，作为一个国家，如何开辟正确的国家之路。

无论我们在开辟自己个人的道路上多么努力，多么专心致志，如果国家之路没有开拓好，结果就如沙滩上的楼阁。期望有人来帮忙，但没有人能帮得上忙。

个人走的路和国家走的路，归根到底是一样的。随意马虎无法开辟，依赖他人也无法开拓。就是说，只能同开辟个人的道路一样，通过我们国民的共同努力，来开辟国家之路。

必须这么做，就是民意。而能够这么做，也是民意。让我们再三省思吧！

⑪ 你准备好了吗

一旦面临紧急情况，不慌张，不忙乱，保持平时的正常心态，坚决果断而又从容不迫，泰然应对。要做到这一点，是非常困难的。

有的人平日里就浑浑噩噩，马马虎虎，所以一旦有事，被问及："你准备好了吗？"他就会茫然，不知道该说什么、该做什么，既不果断，也不从容。

但是，认真想一想，在每天的生活和工作中，其实我们都需要做好准备。比如，在交通安全十分糟糕的情况下，如果走出家门，不知自己何时何处就会遭遇事故。所以随时都要做好心理准备。

其实所有的事情，时时刻刻，以各种形式，都在提醒我们："你准备好了吗？"自己能不能察知到这一点，能不能自问自答，体现了一个人的品格。更何况现在我国的社会形势、经济形势，都随着世界的变动而不断变化，容不得我们有丝毫的疏忽。希望大家经常问一问自己，有关事情是否想明白了，是否做好了心理准备。

⑫ 基于信念

古代的商人特别看重"店训和商号"，往往将其看得比自己的生命还重要。为了维护传统的店训和商号，商人会拼上自己的性命。他们把强烈的信念寄托于此，并以此为豪。他们这么做是好是坏，姑且不论。那位叶隐武士说："所谓武士道，就是下定了为主君而死的决心。"这种信念与商人的信念是一脉相通的。而所谓的"骨气"就根植于此。

时代变了，人们的思维方式也变了。但是，献身于信念的高贵精神，没有丝毫的变化。不！何止于此。干事业必须具备信念，对于这一点，我深感，在当今，要比过去任何时代都更加可贵。

为政者缺乏信念，国家就会灭亡。经营者缺乏信念，事业就会失败。而店主缺乏信念，商店就会倒闭。这不是一个可以没有信念、左右摇摆的时代。

　　确定正确的国家信条，制订值得自豪的社训，决定强有力的店训，基于强烈的信念，大家一起迈开坚定的步伐。这样才能产生国家的、事业的、商店的乃至个人的、真正的繁荣。

⑬ 自己的事

　　对口相声和单口相声，有说得好的，也有说得差的，水平参差不齐。同样的段子，名人名嘴说起来妙趣横生，令人捧腹大笑。笨嘴拙舌的人说起来，既不有趣，又不生动。若让外行来说，听众会听得哈欠连连，简直是浪费时间。"素材"相同，为什么效果如此悬殊？

　　有个人风格、个人素质、个人修行、个人窍门等差异，还有热情不同，认真程度不同，钻研精神也不同。种种因素综合起来，产生了天渊之别。

　　相声蹩脚，最多是浪费了大家的时间而已。但涉及一国政事，事情就没有那么简单了。同样的国土，同样的国民，同样的财力，就是说"素材"相同，政治的运作不同或政治家的素质不同，就导致了国家的盛衰和国民的幸与不幸。国家运营，企业经营，商店买卖乃至团体的运作，可以说，一切都相同。

这不是他人之事，而是你我之事。作为我们共同之事，对于政治，对于企业经营，我们都要认真思考一番。作为个人、作为国民应有的姿态，我们也要静静地反省一下。

⑭ 和平与战争

　　和平与战争本来就是互不相容的，无论是语义上还是事实上，二者正相反对。和平终究是和平，战争终究是战争。

　　然而，近来，有人把"为了和平的战争"之类的奇谈怪论挂在了嘴上。不仅嘴上这么说，而且基于这种说法，企图发动大规模战争的倾向也很明显。

　　这种说法或许也有它相应的道理。不过，哪怕道理上说得通，对立的东西归根到底还是对立的。

　　战争的悲惨，今天已经渗入到全世界每个人的内心深处。所以，我们必须抛弃"为了获得和平而需要发动战争"这种野蛮的思想。大家要为了在和平中获得持续和平而努力。

我们都已长大成人了，"为了要做好朋友，所以需要互相斗殴"，对于这种幼稚的行为，应该唾弃。为了通过和平对话，获得和平与繁荣的生活，我们应该考虑和选择最佳的方案。因为在我们的周围，在日常生活中，这类问题很多。

⑪⑤ 谈笑间

战后的日本，允许言论自由。社会因此明朗起来，变得朝气蓬勃。同时，侃侃而谈之士，呶呶不休之徒，大幅增加。而默默工作、埋头苦干的风气渐趋淡薄。有言道："论多国不兴。"虽然问题还没有这么严重，但我们还是需要静静地反省一下。

比如汽车，它的性能越好，就越没有杂音。好的汽车声音很小而跑得很快。相反，质量不好的车子则会咔嗒咔嗒发出很大的噪声，还提不起速度，弄不好就会抛锚。

口若悬河，唾沫横飞，捋起袖子来一场大辩论，但工作却没有一点儿进展，犹如一辆破汽车，实在不值得称道。

　　还得像品质优良的汽车，只把争论控制在必要的最小限度之内，在谈笑之间，就将工作顺利推进。这样的议论才能起到促使社会繁荣的积极作用。

　　坦诚地交换意见，默默地工作——防止故障，防止抛锚。作为国家，作为国民，都要把这一点牢记在心头。

⑪⑥ 反应敏锐

人的身体结构，实在是复杂而精妙。虽说人造卫星的构造也很复杂，但在人体神秘的机理面前，简直不值一提。换个角度说，不妨认为，在人的身体里，如实地再现了宇宙的广袤和神秘。

尽管人体如宇宙般复杂而宏伟，但如果用针扎一下脚尖，痛感即刻传到大脑。人的神经遍布身体的每一个角落，无论哪个部位，无论多么微小的变化，都会在瞬间告知大脑。所以身体会敏锐地做出反应，并适当地协调行动。

人和人互相依靠，建立各种组织：商店、公司、各种团体。而最大的组织就是国家。问题是，稍稍刺激一下组织的末端，这个组织能否迅速做出反应呢？无论是合理化管理，还是工作效率的提升，都是由能够做出迅速反应的体制产生出来的。组织真正的价值就在于反应敏锐。

让我们再度认真思索，如何在有关商店、公司乃至最重要的国家问题上迅速做出反应。

⑰ 政治这项工作

　　无论什么工作，都是为了大家的共存共生。无论哪项工作都是与其他工作相关联的。也只有在互相关联中，才能推动社会发展。所以，只顾自己一个人的利益和方便，在自己的工作中为所欲为，就会给大家增添麻烦，在道义上也说不过去。自己的工作既属于自己，又不属于自己。

　　在诸项工作中，政治这项工作，直接关系到上亿国民的福祉。这项工作做得好还是不好，很快就会影响到国民，决定他们的幸与不幸。政治既然如此重要，那么我认为，我们应该更加重视政治这项工作，对政治家应该更加照顾和优待。

　　但实际情况又如何呢？在前几天的某个电视节目中，针对主持人提出的问题："你长大了想做什么？"一位小学生天真地答道："因为我不会吵架，所以我当不了政治家。"

对此一笑了之的观众，可以说，他们是自己在葬送自己的幸福。政治这项工作受到轻视，政治家得不到尊敬的国家，不可能有真正的繁荣。

那么这个责任究竟应当归谁呢？是选举了政治家的国民一方，还是被选出的政治家一方呢？

⑪⑧ 不求少求

俗话说："临时抱佛脚。"人陷入困苦，就会祈求神佛保佑。我们人都这样，在困顿烦恼、走投无路时，就会不由自主、双手合十，祈求神佛。请神佛一定帮忙！请一定让我实现这个愿望——面对形形色色、各种各样的愿望和祈求，神佛也会忙得够呛吧。

作为人之常情，可以说，这也是不得已吧。但是，反过来说，是不是我们要求得太多了，愿望太多了，对神佛太过依赖了呢？

双手合十这种姿态，真正的意思是：在神佛面前矫正自己，向自己的内心提出少犯错误的决心。而不是向神佛提要求，不是依赖神佛。不求神佛，而是端正自己的思想和行为，这才是双手合十的真意所在，它表达了一种谦恭的态度。

这种态度并不仅限于对待神佛。在日常生活中，我们是不是对他人要求太多，对他人依赖太过了呢？

少求他人，端正自己，我们应该培养这种态度，无论个人、团体，还是国家，都应如此。而这才是作为个人、作为国家应有的、真正的独立自主的精神状态。

⑪⑨ 奉献大众

"大众即愚众。因此，与其倾听这些愚蠢大众的意见，还不如先出一个伟大领袖，由他独裁来运作政治，这才是最理想不过的。"——在久远的古代，某人将他的这一观点公之于世。一直到今天，还有一部分人将之奉为卓见，推崇备至。

确实，大众或许具有这一面的弱点。而且，基于这种"大众即愚众"的观点，诞生了许多荒唐的独裁政治、强权政治，它导致不幸的大众陷入更深的不幸。然而，时代日新月异，人们也日益进步。今天的大众已是贤明之众，而且十分公正。不能正确认识和正视这一事实的人，必将践踏真正的民主主义，阻碍民主政治的培养，这也等于他们在自掘坟墓。

再重申一遍，今日的大众已经极为贤明，极为公正。

因此，信任大众，以此为基石，最大限度地为大众做奉献，这才是民主政治的真正使命，这才是民主主义的精神实质之所在。

国家繁荣之路，也从这里开始。

⑫⓪ 水库的启示

天降雨，雨落山中，渗入土地，成潺潺谷水，又汇入江河，滋润田野，最终归入大海。这个水流顺利的话，就该谢天谢地了。但它稍一发飙，洪水即刻泛滥。相反，有时又出现干旱。这是放任自流，或者使用过度而导致的结果。

于是，考虑建水库，拦截放任的河水，在防止水患的同时，让多余的雨水储存在水库里，以便有效使用。遭遇干旱时，可以适时适当开闸放流。这是人类智慧的进步。

像河川需要水库一样，我们的生活中也需要水库，物心两面都需要水库。哗哗放任自流，或使用过头，只用不管，都是没有任何智慧的表现。

大河建大坝，小河建小坝。如按情况建立各自的水库一样，各种各样的人，调动各种各样的智慧，也可以建立各式各样的"水库"。

不仅在个人生活中，而且在生意上，在企业经营上，也必须有建水库的意识。更重要的是，在国家运营上，也一定要建立水库，这样才能保证国家和国民生活的安定和繁荣。

⑫ 美丽的国度

花儿谢了，新叶吐芽；碧绿的山野，鲜艳壮丽；澄蓝的天空，一望无际。人们一身轻装，和煦的暖风扑面吹来，在可爱的孩子们的欢声笑语处，鲤鱼旗在风中飘荡。时值五月，初夏刚临。在这个季节里，日本的自然之美，令人神往。

有春、有夏、有秋、有冬，一个美好的国家并不限于自然，也不限于风土，还应具有在漫长的历史中培育的许许多多的精神遗产。

在这些之上，还有上天赐予的优秀国民素质以及勤劳、诚实的国民性格。

为了让这样的国家变得更加美好，大家要同心协力，在身心两方面都富裕、都幸福。

有美好的东西，却不知道它美好在哪里，这就等同于无，等同于没有。

让我们再一次审视国家的美好，感受作为其中一员的自豪。

图书在版编目（CIP）数据

道：松下幸之助的人生哲学 /（日）松下幸之助 著；曹岫云 译 . —北京：东方出版社，2025.1
ISBN 978-7-5207-4092-0

Ⅰ . K833.135.38

中国国家版本馆 CIP 数据核字第 20248NU321 号

本书中文简体字版权由汉和国际（香港）有限公司代理
中文简体字版专有权属东方出版社
著作权合同登记号 图字：01-2024-5408 号

道：松下幸之助的人生哲学
（DAO: SONGXIA XINGZHIZHU DE RENSHENG ZHEXUE）

作　　者：〔日〕松下幸之助
译　　者：曹岫云
责任编辑：刘　峥
出　　版：东方出版社
发　　行：人民东方出版传媒有限公司
地　　址：北京市东城区朝阳门内大街 166 号
邮　　编：100010
印　　刷：北京联兴盛业印刷股份有限公司
版　　次：2025 年 1 月第 1 版
印　　次：2025 年 1 月第 1 次印刷
开　　本：787 毫米 ×1092 毫米　1/32
印　　张：9
字　　数：90 千字
书　　号：ISBN 978-7-5207-4092-0
定　　价：42.00 元
发行电话：（010）85924663　85924644　85924641

作为全球知名企业家，松下幸之助曾经影响了不止一代经营者，其经营理念、人生哲学备受全球读者推崇。伴随我国经济社会不断发展，中小企业越来越活跃，其对学习如何经营企业的需求愈发旺盛。为满足众多企业家的阅读需求，我社与松下幸之助先生创办的 PHP 研究所开展战略合作，将继续引进 PHP 珍藏书系。已出版发行的《天心：松下幸之助的哲学》等 20 种图书备受欢迎。

已出版的松下幸之助经典作品

①《道：松下幸之助的人生哲学》

松下幸之助人生智慧的总结，畅销 566 万册的代表作。告诉我们如何提升人格，如何提高效率，如何做出正确决定，如何获得价值感，如何面对困境和挑战，如何建立自信，如何培养坚定信念和独立精神，如何与人、组织、国家、社会协调关系，从而走上正确的、宽广无限的道路，度过美好人生！

②《天心：松下幸之助的哲学》(平装)(精装)(口袋版)

天心是松下幸之助人生和经营思想的原点，是他勇夺时代先机、实现制度和技术创新的秘诀，更是广大读者学习"经营之神"思维方式的必读书。

③《成事：松下幸之助谈人的活法》

做人做事向往美好，从善的角度思考。想方设法做成事的强烈热情是创造的源泉。

④《松下幸之助自传》

松下幸之助亲笔所书的唯一自传，完整讲述其成长经历和创业、守业历程。精彩的故事中蕴含着做人做事的深刻道理。

⑤《拥有一颗素直之心吧》

素直之心是松下幸之助经营和人生理念的支点和核心。素直之心是不受束缚的心，是能够做出正确判断的心，一旦拥有素直之心，无论经营还是人际关系抑或其他，都会顺利。

⑥《挖掘天赋：松下幸之助的人生心得》

松下幸之助遗作、90岁成功老人对人生的回顾与思考，凝聚一生感悟。充分挖掘自身天赋、发挥自身潜能，才能度过充实而精彩的人生。

⑦《如何工作：松下幸之助谈快速成为好员工的心得》

怎样快速成为一名好员工？松下幸之助在三部分内容中分别面向职场新人、中坚员工、中高层管理者三类人群有针对性地给出中肯建议。

⑧《持续增长：松下幸之助的经营心得》

如何在艰难期带领企业突围和发展？松下幸之助结合自身半个世纪的实践经验，从经营和用人两方面道出带领企业在逆境中稳步发展的真髓。

⑨《经营哲学：松下幸之助的 20 条实践心得》

一家企业想做久做长离不开正确的经营理念，"经营之神"松下幸之助基于自身五十多年的实践经验指出，坚持正确的经营理念是事业成功的基础和必要条件。

⑩《经营诀窍：松下幸之助的"成功捷径"》

企业经营有其内在规律，遵循经营的规律、把握其中的诀窍至关重要。松下幸之助在书中分享了自己经营企业五十多年间积累下的 37 条宝贵心得。

⑪《抓住商业本质：松下幸之助的经商心得》

企业要少走弯路，就得抓住商业本质，遵循基本逻辑。本书凝聚了一位国际知名企业家对商业本质和企业经营规律的深刻理解。

⑫《应对力：松下幸之助谈摆脱经营危机的智慧》

松下电器自成立以来经历了战争、金融风暴等重大危机，卓越的应对力使其在逆境中实现成长。应对力是帮助企业摆脱困境的法宝，是领导者的必备素养。

⑬《精进力：松下幸之助的人生进阶法则》

精选松下幸之助讲话中的 365 篇，可每日精进学习其对人生和经营的思考。

⑭《感召力：松下幸之助谈未来领导力》

感召力是一种人格魅力，是面向未来的最有人情味的领导力，本书旨在帮助有理想的普通人提升感召力。

⑮《智慧力：松下幸之助致经营者》

讲述了满怀热情、肩负使命、坚守正道、成就尊贵人生的智慧。

⑯《道路无限》

松下幸之助人生哲学经典读本，写给青年的工作和人生忠告。改变了无数人命运的长销书，20 年间重印高达 78 次。

⑰《开拓人生》

松下幸之助创作的人生随想集，作者随时想到随时记录下的人生思考。针对当下社会内卷，赋能人心，带来治愈、激励和力量。

⑱《员工必修课》

员工的活法和干法。收录了松下幸之助对松下电器内部员工和外部青年人士的讲话，核心观点是"员工自主责任经营"，强调每位员工都是自己岗位、自己工作的老板和主人翁。

⑲《领导者必修课》

"经营之神"松下幸之助经常带在身边的学习用书，领导者必备的教科书。松下幸之助从古今中外的众多历史人物和历史事件中精选了 101 条杰出领导者应具备的素养。

⑳《重要的事》

松下幸之助人生哲学精华集，青年必读经典读本。松下幸之助一生经验和心得的总结，辅以温暖治愈系插画，用轻松易读的形式呈现人生智慧。

㉑《更重要的事》

松下幸之助人生哲学精华集，青年必读经典读本。松下幸之助一生经验和心得的总结，辅以温暖治愈系插画，用轻松易读的形式呈现人生智慧。